POCKET *Évolution*

Des livres pour vous faciliter la vie !

Pierre PALLARDY
Vaincre fatigue, stress, déprime et protéger son cœur
Mode d'emploi pour vaincre les maux du siècle et rester zen.

Jacques SALOMÉ
T'es toi quand tu parles
Jalons pour une grammaire relationnelle.

David SERVAN-SCHREIBER
Guérir
le stress, l'anxiété et la dépression sans médicaments
ni psychanalyse.
Après l'intelligence émotionnelle,
une nouvelle « médecine des émotions »

Samuel SHEM et Janet SURREY
Il faut que l'on se parle
Une analyse de la construction du « nous » dans le couple
afin de renouer un dialogue serein.

Allen CARR
La méthode simple pour prendre l'avion sans peur
Dépasser votre peur de voler… pour de bon et facilement

Marthe MARANDOLA et Geneviève LEFEBVRE-DECAUDIN
L'intimité
Comment se libérer de nos peurs pour être authentique
dans nos relations et oser être nous-même

Deborah JACKSON
Lorsque bébé pleure
Voici les 10 règles d'or qui permettent de restaurer
l'harmonie familiale

Mieux vivre

Mihaly Csikszentmihalyi

Mieux vivre

En maîtrisant votre énergie psychique

Traduit de l'américain
par Claude-Christine Farny

ROBERT LAFFONT

Titre original :
FINDING FLOW

© Mihaly Csikszentmihalyi, 1997
ISBN 2-266-16126-1
(édition originale : Basic Books, New York)

Pour Isa, encore

1

Les structures de la vie quotidienne

« Si réellement nous voulons vivre,
n'attendons pas pour essayer.
Si nous ne voulons pas, tant pis,
mais n'attendons pas pour commencer à mourir. »

W. H. Auden

Ces vers de W. H. Auden[1]* résument parfaitement le propos de mon livre. L'alternative est simple : entre l'instant présent et l'inévitable terme de nos jours, nous pouvons choisir soit de vivre, soit de mourir. Biologiquement, aussi longtemps que nous satisfaisons les besoins de notre organisme, la vie est un processus automatique. Mais vivre au sens où l'entend le poète ne va absolument pas de soi. En fait, tout s'y oppose : si nous ne prenons pas notre vie en main, des forces inconscientes ou extérieures la contrôleront pour la mettre au service de leurs propres intérêts. Nos instincts biologiquement programmés s'en serviront pour dupliquer le matériel génétique dont nous sommes

---

* Les notes sont rassemblées, par chapitre, en fin d'ouvrage.

porteurs ; la société fera en sorte que notre vie contribue à propager ses valeurs et ses institutions ; les autres s'efforceront de nous prendre le maximum d'énergie possible afin de réaliser leurs ambitions personnelles – tout cela sans le moindre scrupule, sans se demander si nous en serons affectés. Inutile d'espérer que quiconque nous apprenne à vivre ; c'est par nous-mêmes qu'il faut le découvrir.

Alors dans ce contexte, que veut dire « vivre » ? Il ne s'agit certainement pas de la simple survie biologique. Il s'agit de vivre pleinement, sans perdre ni son temps ni son potentiel, d'exprimer sa singularité propre tout en s'inscrivant dans le mouvement complexe du cosmos. Je me propose, dans ce livre, d'explorer les différentes façons de vivre ainsi, en m'appuyant le plus possible sur les découvertes de la psychologie contemporaine et sur mes recherches personnelles, mais aussi sur la sagesse des temps anciens, sous quelque forme qu'elle nous soit parvenue.

Je vais poser la question : « Qu'est-ce que bien vivre ? », mais de façon modeste. Sans me préoccuper de prophéties ni de mystères, je m'efforcerai de rester au plus près des évidences raisonnables en m'intéressant surtout aux événements que nous sommes amenés à vivre au quotidien.

Un exemple illustrera mieux ce que j'entends par bien vivre sa vie. Il y a des années, mes étudiants et moi avons enquêté dans une usine d'assemblage de pièces détachées pour automobiles. L'essentiel de l'activité avait pour cadre un énorme hangar sale et si bruyant qu'il fallait hurler pour s'entendre. La plupart des soudeurs qui travaillaient dans ce hangar détestaient leur boulot et passaient leur temps à regarder leur montre, impatients de voir leur journée se terminer. Dès qu'ils quittaient l'usine, ils se précipitaient vers le bar voisin ou prenaient le volant pour aller plus loin chercher l'aventure.

Un seul faisait exception : Joe. La soixantaine, très peu instruit, Joe s'était exercé tout seul à comprendre et à réparer l'ensemble du matériel existant dans l'usine, depuis les grues jusqu'aux moniteurs électroniques. Il adorait ausculter les machines défectueuses, trouver la panne et la réparer. Avec sa femme, il avait construit, sur deux terrains proches de leur maison, un grand jardin de rocaille où il avait installé des fontaines à brouillard qui produisaient des arcs-en-ciel – même la nuit. Tous les collègues de Joe, une bonne centaine, le respectaient, même s'ils ne le comprenaient pas toujours. Ils sollicitaient son aide au moindre problème, et beaucoup disaient même que sans lui l'usine aurait probablement dû fermer.

Au cours des années, j'ai rencontré beaucoup de présidents-directeurs généraux de grandes entreprises, de politiciens influents et des prix Nobel par dizaines, personnalités éminentes qui, à bien des égards, vivaient une vie excellente, mais d'une qualité moindre que celle de Joe. Qu'est-ce qui rend une vie comme la sienne sereine, utile et digne d'être vécue ? C'est la question fondamentale à laquelle ce livre va s'efforcer de répondre.

Mon approche sera fondée sur trois hypothèses essentielles. La première est que, par le passé, prophètes, poètes et philosophes ont découvert des vérités importantes, des vérités qui restent essentielles à notre survie. Mais elles ont été exprimées dans le vocabulaire conceptuel de leur époque et, pour être utilisables, elles doivent être redécouvertes et réinterprétées à chaque génération. Les textes sacrés du judaïsme, du christianisme, de l'islam,

11

du bouddhisme et des védas sont les meilleurs dépositaires des idées les plus essentielles pour nos ancêtres, et ne pas en tenir compte serait faire preuve d'une vanité puérile. Mais il serait tout aussi naïf de croire que tout ce qui a été écrit jadis contient une vérité absolue, éternellement valable.

Le deuxième point sur lequel repose ce livre, c'est que la science fournit actuellement à l'humanité des informations d'importance vitale. Pourtant, la vérité scientifique s'exprime, elle aussi, selon la vision du monde propre à son époque, et il est probable qu'elle changera, qu'elle sera remise en question dans l'avenir. Il y a sans doute autant de superstitions et de conceptions erronées dans la science actuelle que dans les mythes anciens, mais nous n'avons pas le recul nécessaire pour nous en rendre compte. Il est possible qu'un jour les perceptions extrasensorielles et l'énergie spirituelle nous donnent accès à la vérité immédiate sans que nous ayons besoin de passer par la théorie et l'expérimentation. Cependant, les raccourcis sont dangereux ; nous ne pouvons pas nous illusionner sur l'étendue actuelle de nos connaissances. Pour le meilleur ou pour le pire, la science est aujourd'hui notre plus fidèle miroir de la réalité, et il serait risqué de l'oublier.

Ma troisième hypothèse est que, si nous voulons comprendre ce qu'implique une vie pleinement vécue, nous devons écouter les voix du passé et intégrer leur message aux connaissances progressivement accumulées par la science. Les démarches idéologiques – tel le projet de Jean-Jacques Rousseau de retour à la nature, qui préfigurait les théories freudiennes – ne sont que des prétentions vides de sens lorsqu'on ignore ce qu'est la nature humaine. On ne peut rien espérer du passé. Il n'y a pas de solution à trouver dans le présent. Et il ne sert à rien de se projeter dans un avenir imaginaire. La seule voie permettant de découvrir ce que vivre veut dire est un patient effort de compréhension des réalités passées et des possibilités futures telles qu'elles peuvent être interprétées au présent.

Dans ce livre, le mot « vie » exprimera donc les expériences que nous traversons du matin au soir, sept jours par semaine, pendant soixante-dix ans environ si nous avons de la chance et plus longtemps encore si nous sommes favorisés. Une telle perspective peut paraître étroite, comparée aux visions beaucoup plus grandioses auxquelles nous ont habitués les mythes et les religions. Mais, pour prendre le contre-pied du pari de Pascal, il me semble que, dans le doute, la meilleure stratégie consiste à nous dire que ces plus ou moins soixante-dix années sont notre seule chance de connaître le cosmos, et qu'il convient d'en faire le meilleur usage possible. Faute de quoi, nous risquons de tout perdre ; et si, contrairement à ce que nous pensions, il y a effectivement une vie après la mort, nous n'aurons rien perdu.

Ce que sera notre existence est en partie déterminé par les processus chimiques à l'œuvre dans notre corps, par les interactions biologiques entre nos organes, par les minuscules courants électriques sautant d'une synapse à l'autre dans notre cerveau et par l'organisation de l'information imposée à notre esprit par notre culture. Mais la qualité de notre vie – ce que nous faisons et la façon dont nous le vivons – sera déterminée par nos pensées et nos émotions, par l'interprétation que nous faisons de ces processus chimiques, biologiques et sociaux. Étudier le passage du courant de la conscience dans l'esprit est le domaine de la philosophie phénoménologique[2]. Au cours des trente dernières années, mon travail a consisté à développer une phénoménologie systématique utilisant les outils des sciences sociales – psychologie et philosophie, essentiellement – pour tenter de répondre à la question : Que vaut la vie ? Et à une autre, plus pratique : Comment chaque individu peut-il se créer la meilleure vie possible ?

Pour répondre à ces questions, il faut commencer par acquérir une bonne connaissance des forces qui déterminent ce que nous pouvons vivre. Que cela nous plaise ou non, nous sommes tous contraints par des limites imposées à nos actes ou à nos perceptions. Ne pas tenir compte de ces limites, les nier, c'est courir à l'échec. Pour vivre le mieux possible, il faut d'abord comprendre la réalité du quotidien avec ses obligations et ses frustrations éventuelles. Dans la plupart des anciens mythes, la personne qui veut trouver le bonheur, l'amour ou la vie éternelle commence par traverser des épreuves. Avant de pouvoir contempler les splendeurs du paradis, Dante doit errer parmi les horreurs de l'enfer afin de comprendre ce qui nous empêche de franchir les portes du bienheureux séjour. Il en est de même pour la quête, plus séculière, que nous allons entreprendre.

Les babouins[3] qui vivent dans les plaines africaines passent environ un tiers de leur temps à dormir, et leur temps de veille est occupé par les déplacements, la recherche et la consommation de nourriture et les loisirs – qui consistent essentiellement en interactions et en épouillage réciproque de leur pelage. Assez peu exaltante, cette vie n'a pas beaucoup changé depuis un million d'années, c'est-à-dire depuis que l'espèce humaine est née de nos ancêtres simiens communs. Les nécessités de l'existence continuent à nous imposer un partage du temps assez semblable à celui des babouins africains. À quelques heures près, nous passons un tiers des vingt-quatre heures d'une journée à dormir et le reste à travailler, nous déplacer, nous reposer, dans des proportions similaires à celles des babouins. Comme l'a montré l'historien Emmanuel Le Roy Ladurie, dans les villages français du XIIIe siècle – qui comptaient parmi les plus évolués du monde connu, à l'époque – le passe-temps le plus ordinaire consistait à s'épouiller mutuellement. De nos jours, bien entendu, il y a la télévision.

Dans notre façon d'appréhender la vie, les cycles repos-production-consommation-interactions comptent autant que nos sens – vue, ouïe, toucher, etc. Notre système nerveux étant ainsi fait qu'il ne peut traiter qu'une petite quantité d'informations à la fois, la plupart de nos expériences doivent être vécues l'une à la suite de l'autre. On dit souvent d'un homme puissant et riche que, « comme tout le monde, il ne peut enfiler qu'une jambe de pantalon à la fois ». Effectivement, on ne peut avaler qu'une bouchée, n'écouter qu'une chanson, ne lire qu'un journal, ne tenir qu'une conversation, à la fois. Donc, les limites de notre attention, qui déterminent la quantité d'énergie psychique nécessaire pour appréhender le monde, nous imposent un scénario inflexible auquel nous devons nous conformer. Il existe, à toutes les époques et dans toutes les cultures, une étonnante similarité entre ce que font les gens et le temps qu'ils y passent.

Après avoir affirmé que, par certains côtés, toutes les existences se ressemblent, il faut s'empresser de dégager une évidente diversité. Apparemment, un agent de change new-yorkais, un paysan chinois et un Bochi-man du Kalahari interprètent le scénario fondamental de l'espèce humaine de manières très différentes. À propos de l'Europe du XVIe au XVIIIe siècle, les historiennes Natalie Zemon Davis et Arlette Farge disent : « La vie quotidienne se déroulait dans le cadre de hiérarchies inébranlables entre les sexes et les couches sociales. » Cela est vrai de tous les groupes sociaux que nous connaissons : la façon de vivre d'un individu dépend en grande partie de son sexe, de son âge et de sa position sociale[4].

Le hasard de la naissance place la personne dans un sillon qui déterminera, dans une large mesure, le type d'expériences qu'elle connaîtra. Il y a deux siècles, un petit garçon de six ou sept ans né dans une famille pauvre d'une région industrielle de Grande-Bretagne était obligé, six jours sur sept, de se lever vers cinq heures du matin pour courir à l'usine où, jusqu'au coucher du soleil, il surveillait un métier à tisser mécanique cliquetant bruyamment. Il mourait souvent d'épuisement avant d'avoir atteint l'adolescence. À la même époque, une petite Française de douze ans originaire d'une région productrice de soie restait toute la journée assise auprès d'un chaudron où elle trempait des cocons dans l'eau bouillante pour en faire fondre la substance collante qui retenait ensemble les fils de soie. Elle risquait de succomber à des maladies respiratoires à force de rester toute la journée dans des vêtements humides, et le bout de ses doigts finissait par perdre toute sensibilité à cause de l'eau bouillante. Pendant ce temps-là, les enfants de la noblesse apprenaient à danser le menuet et à converser dans des langues étrangères.

De nos jours, ces différences dues à la naissance subsistent. À quel type de vie peut prétendre un enfant né dans un quartier pauvre de Detroit, du Caire ou de Mexico ? En quoi son sort différera-t-il de celui d'un fils de la bonne société américaine, suédoise ou suisse ? Il n'y a malheureusement pas de justice, et c'est sans rime ni raison qu'un être naît dans une communauté misérable ou affligé d'une malformation congénitale, alors que d'autres possèdent beauté, santé, richesse dès leur entrée dans la vie.

Si, donc, les principaux paramètres de l'existence sont immuables – personne ne pouvant se passer de repos, de nourriture, de rapports humains et d'une forme quelconque de travail –, l'humanité est divisée en catégories sociales qui déterminent dans une large mesure le contenu spécifique de leur vécu. Et, pour rendre la chose encore plus intéressante, la question de l'individualité entre en jeu.

Si, par un jour d'hiver, nous regardons tomber la neige, nous voyons tourbillonner des millions de flocons identiques. Mais si nous prenons une loupe pour observer chacun de ces flocons, nous découvrons rapidement qu'aucun n'est absolument semblable à l'autre – en fait, chacun possède sa structure propre. Il en va de même pour les êtres humains. On peut prévoir une foule de choses concernant la vie de Susan du seul fait qu'elle est humaine. On précisera davantage en sachant qu'elle est américaine, qu'elle vit dans tel ou tel milieu et que ses parents font tel ou tel métier. Mais, au bout du compte, la connaissance de tous les paramètres extérieurs ne nous permettra pas de prédire ce que sera sa vie. Pas uniquement parce que le hasard risque de déjouer toutes les prédictions, mais surtout parce que Susan a une volonté propre et qu'elle peut décider, soit de gaspiller ses chances, soit au contraire de surmonter certains des obstacles dus à sa naissance.

Sans cette flexibilité de la conscience humaine un livre comme celui-ci ne pourrait pas être écrit. Si tout était déterminé par notre commune condition, par les catégories sociales et culturelles et par le hasard, il serait inutile de réfléchir aux moyens de perfectionner notre vie. Heureusement, il reste suffisamment d'espace pour permettre à l'initiative et au choix de jouer pleinement leur rôle, de transformer radicalement les choses. Et ceux qui en sont persuadés ont toutes les chances d'échapper à l'emprise de la destinée.

Vivre veut dire expérimenter – à travers l'action, les sensations, les pensées. Ces expériences se situent dans le temps, si bien que le temps est la dernière ressource dont nous disposions. Année après année, le contenu de nos expériences détermine la qualité de notre vie. L'une des décisions les plus importantes que nous ayons à prendre concerne donc la façon de répartir et d'occuper notre temps. Cette décision dépend bien entendu de chacun d'entre nous. Comme nous venons de le voir, des contraintes sévères nous dictent ce que nous devons faire soit en tant que membres de l'espèce humaine, soit parce que nous appartenons à telle culture, à telle société. Néanmoins, une certaine latitude de choix nous est permise, et, jusqu'à un certain point, nous pouvons décider de l'emploi de notre temps. Comme l'a souligné l'historien E. P. Thompson[5], même à la période la plus dure de la révolution industrielle, lorsque les ouvriers travaillaient comme des esclaves, quatre-vingts heures par semaine, dans les mines et les usines, certains passaient les quelques heures de loisir dont ils disposaient à se cultiver ou à militer au lieu de suivre leurs camarades dans les cafés.

Les termes que nous employons à propos du temps – gagner, planifier, investir, gaspiller – sont empruntés au vocabulaire de la finance. C'est pourquoi certains ont pu affirmer que notre rapport au temps était coloré par notre héritage capitaliste. Il est vrai que la formule : « Le temps, c'est de l'argent » était l'un des adages favoris de Benjamin Franklin, grand apologue du capitalisme, mais l'équation des deux termes est sans doute plus ancienne et s'enracine dans l'expérience commune de l'humanité, pas dans notre seule culture. En fait, on pourrait dire que c'est l'argent qui est valorisé par le temps, et pas le contraire. L'argent est simplement l'étalon le plus largement utilisé pour mesurer le temps investi dans telle tâche ou telle production. Et nous apprécions l'argent parce qu'il nous libère des contraintes de l'existence, dégageant du temps pour faire ce qui nous plaît.

Alors, comment les gens utilisent-ils leur temps ? Le tableau 1 donne une idée générale de la façon dont nous passons les plus ou moins seize heures quotidiennes où nous sommes éveillés et conscients. Les chiffres sont forcément approximatifs puisque selon l'âge, le sexe et le degré de richesse ou de pauvreté de chacun, ces données peuvent varier considérablement. Mais ce tableau permet de décrire globalement le déroulement d'une journée moyenne dans notre société. Et ces chiffres sont, à bien des égards, comparables à ceux que l'on obtient pour la répartition du temps dans d'autres pays industrialisés.

L'ensemble de nos activités au cours d'une journée moyenne peut donc se diviser en trois grandes catégories. La première, et la plus importante, concerne ce que nous devons faire pour produire l'énergie nécessaire à notre survie et à notre confort. De nos jours, cette activité est devenue synonyme de « gagner de l'argent », puisque l'argent est devenu un moyen d'échange presque généralisé. Toutefois, pour les jeunes qui sont encore scolarisés, les études peuvent être incluses dans cette catégorie « productive » parce qu'elles sont l'équivalent du travail pour les adultes et aussi le prélude à un emploi futur.

Tableau 1[6]
OÙ PASSE LE TEMPS ?

Statistiques fondées sur les activités diurnes d'adultes et d'adolescents représentatifs ayant répondu à des enquêtes récentes aux États-Unis. Les pourcentages varient selon l'âge, le sexe, la classe sociale et les préférences individuelles ; les chiffres indiquent un maximum et un minimum. Chaque point des pourcentages correspond à une heure par semaine environ.

Activités productives	**Total : 24-60 %**
Travail professionnel ou études	20-45 %
Bavardage, grignotage, rêverie pendant le travail	4-15 %
Activités d'entretien	**Total : 20-42 %**
Travaux domestiques (cuisine, ménage, courses)	8-22 %
Nourriture	3-5 %
Hygiène et habillage	3-6 %
Transports (voiture ou autres)	6-9 %
Activités de loisirs	**Total : 20-43 %**
Médias (télévision et lecture)	9-13 %
Violons d'Ingres, sports, cinéma, restaurants	4-13 %
Discussions, interactions sociales	4-12 %
Repos, flânerie	3-5 %

Sources : Csikszentmihalyi et Graef, 1980 ; Kubey et Csikszentmihalyi, 1990 ; Larson et Richards, 1994.

Entre un quart et plus de la moitié de notre énergie psychique passe dans ces activités productives, selon le type de travail effectué et le temps qui y est consacré. Bien que la plupart des salariés à plein temps passent environ quarante heures par semaine sur leur lieu de travail, ce qui représente 35 % des 112 heures de veille hebdomadaires, la réalité est légèrement différente. Sur les quarante heures de présence sur le lieu de travail, seules trente heures sont effectivement travaillées, le reste étant passé à discuter, rêvasser, faire des listes, et autres occupations sans rapport avec le travail proprement dit.

Est-ce beaucoup de temps ? Peu de temps ? Tout dépend du terme de comparaison. D'après certains anthropologues, dans les sociétés les moins développées technologiquement, comme les tribus des jungles brésiliennes et des déserts africains, les hommes adultes passent rarement plus de quatre heures par jour à se procurer leur nourriture, et le reste de la journée ils se reposent, bavardent, chantent et dansent[7]. À l'inverse, pendant la centaine d'années qu'a duré l'industrialisation des pays occidentaux, les ouvriers pouvaient passer jusqu'à douze heures ou plus dans les fabriques. La journée de travail de huit heures, qui est aujourd'hui la norme, est donc à mi-chemin entre ces deux extrêmes.

Les activités productives créent de l'énergie ; mais nous devons aussi nous occuper de notre corps et de son environnement. C'est pourquoi nous passons à peu près un quart de la journée à effectuer différentes activités d'« entretien ». Pour entretenir notre corps il faut manger, nous reposer, nous tenir propres et nous habiller ; pour entretenir nos biens, il faut faire le ménage, la cuisine, les courses et autres tâches ménagères. Traditionnellement, les femmes ont toujours été chargées des travaux d'entretien pendant que les hommes s'adonnaient aux activités productives. Cette répartition du travail reste très forte aux États-Unis : si les hommes et les femmes passent le même pourcentage de leur temps à manger (5 % environ), les femmes passent deux fois plus de temps à effectuer les autres activités d'entretien.

Dans la plupart des autres pays, la différence est encore plus accentuée. Dans l'ex-Union soviétique, où l'égalité des sexes était un parti pris idéologique, les femmes médecins et ingénieurs mariées devaient faire tous les travaux ménagers en plus de leur travail salarié. Presque partout dans le monde, un homme qui prépare le repas ou fait la vaisselle se sent dévalorisé à ses propres yeux et à ceux des autres.

Cette division du travail paraît aussi ancienne que l'humanité elle-même. Autrefois, cependant, les travaux domestiques représentaient pour les femmes un labeur harassant. Un historien décrit ainsi leur situation dans l'Europe du XVIe siècle : « Les femmes transportaient de l'eau jusqu'à des terrasses escarpées dans des régions [...] où l'eau était rare [...]. Elles découpaient et faisaient sécher de la tourbe, ramassaient du varech, du bois de chauffage, coupaient de l'herbe le long des routes pour nourrir leurs lapins. Elles trayaient les vaches et les chèvres, cultivaient un potager, cueillaient des noisettes et diverses plantes. Le combustible le plus commun chez les fermiers britanniques et dans certains foyers irlandais et hollandais était les déjections des animaux, que les femmes ramassaient à la main et qui finissaient de sécher empilées à côté du feu[8]... »

L'eau courante et les appareils ménagers ont certainement diminué la quantité d'effort physique nécessaire pour tenir une maison, de la même façon que la technologie a allégé le fardeau du travail productif. Mais beaucoup de femmes, en Asie, en Afrique et en Amérique latine – c'est-à-dire, la plupart des femmes – sont encore obligées de consacrer l'essentiel de leur temps à empêcher l'infrastructure matérielle et affective de leur famille de s'écrouler.

Une fois les impératifs de production et d'entretien assurés, il reste à peu près un quart de la journée, c'est-à-dire le temps libre, ou les loisirs[9]. Jadis, les penseurs estimaient que les hommes et les femmes ne pouvaient déployer leur potentiel que lorsqu'ils n'avaient rien à faire. C'est pendant nos loisirs, disaient les philosophes grecs, que nous devenons réellement humains puisque nous employons notre temps à développer nos facultés – par la culture, la pratique des arts ou de la politique. Le terme grec qui signifie « loisir » est *skholê* – dont nous avons tiré le mot « école » –, puisqu'à l'époque la meilleure façon de passer son temps libre, c'était d'étudier.

De nos jours, malheureusement, l'idéal des anciens Grecs se trouve rarement réalisé. Car le temps libre, dans notre société, est consacré à trois principaux types d'activités – dont aucun ne correspond à ce qui faisait les loisirs à leur époque. Le premier type d'activité consiste à consommer des médias – la télévision, surtout, et, dans une faible mesure, des journaux et des magazines. Le deuxième, c'est la conversation. Le troisième serait plus proche de l'idéal antique puisqu'il comprend les violons d'Ingres, la pratique des sports, les sorties au restaurant ou au cinéma. Chacun de ces trois types d'activités de loisirs occupe entre quatre et douze heures par semaine.

Regarder la télévision, occupation qui mobilise en moyenne plus d'énergie psychique que toute autre activité de loisir, est aussi la forme d'activité la plus récente de l'histoire humaine. Rien de ce que les hommes et les femmes ont fait jusqu'ici, en quelques millions d'années d'évolution, n'a jamais été aussi passif, n'a créé autant de dépendance, n'a été aussi capable d'attirer et de retenir l'attention – à part peut-être la sieste, la contemplation du vide ou la transe qu'affectionnaient tant les Balinais. Les défenseurs de ce média affirment que la télévision fournit toutes sortes d'informations intéressantes. C'est vrai, mais comme il est beaucoup plus facile de produire des émissions qui titillent les sens plutôt que des émissions qui cultivent l'esprit, ce que regardent la plupart des gens ne risque pas de les aider à évoluer.

Ces trois principales formes d'occupation – production, entretien, loisirs – absorbent toute notre énergie psychique. Elles nous fournissent l'information qu'emmagasine notre esprit jour après jour, de notre naissance à notre heure dernière. Ainsi, notre vie consiste essentiellement en expériences liées au travail, à la conservation de ce que nous possédons et à l'emploi de notre temps libre. C'est dans le cadre de ces paramètres que se déroule notre vie, et c'est le choix de nos activités et la façon de les aborder qui détermineront si la somme de nos jours ressemblera à une masse informe ou à une œuvre d'art.

Notre quotidien ne dépend pas seulement de ce que nous faisons mais aussi de nos relations avec autrui. Les autres exercent sur nos actes et nos sentiments une influence constante, qu'ils soient présents ou absents. On sait, depuis Aristote, que l'homme est un animal social ; physiquement et psychologiquement, nous dépendons de la compagnie de nos semblables. Selon les cultures, les individus ne sont pas influencés de la même façon par les autres ou par ce que pensent les autres, même absents. Dans la tradition hindoue, par exemple, les gens n'étaient pas considérés comme des personnes au sens où nous l'entendons, mais comme des nœuds dans un vaste réseau social[10]. L'identité de l'individu était moins déterminée par ses idées et ses actes que par son origine familiale – de qui il était fils ou fille, cousin ou cousine, sœur ou frère, parent ou parente. Aujourd'hui encore, les enfants d'origine extrême-orientale sont bien plus conscients que ceux d'origine européenne des attentes et des opinions de leurs parents, même lorsqu'ils sont seuls. En termes psychanalytiques, on pourrait dire qu'ils ont un surmoi plus développé. Néanmoins, dans toute culture, si individualiste qu'elle soit, le rapport à autrui détermine toujours, dans une large mesure, la qualité de la vie individuelle.

La plupart des gens passent à peu près le même pourcentage de leur temps dans trois contextes sociaux différents. Le premier se compose d'étrangers, collègues de travail ou d'étude. C'est l'espace « public » où nos actes sont évalués par les autres, où l'on se trouve en compétition et où l'on devrait établir des relations de collaboration. D'aucuns ont pu dire que cette sphère publique[11] était le milieu idéal pour le déploiement du potentiel individuel puisque, si l'on y court les plus grands risques, on y trouve aussi les meilleures occasions d'évoluer.

Le deuxième contexte est celui de la famille – pour les enfants, leurs parents et collatéraux ; pour les adultes, leur conjoint et leurs enfants. Bien que la notion de « famille » en tant qu'unité sociale identifiable ait été sévèrement remise en cause, et s'il est vrai qu'aucun type d'arrangement ne correspond exactement à cette définition, il est également vrai que, toujours et partout, chaque individu se reconnaît des liens de parenté avec un groupe de personnes particulier qui lui apporte un sentiment de sécurité et de responsabilité impossible à trouver ailleurs. Si étranges que soient aujourd'hui certaines familles recomposées comparées à la famille nucléaire idéale, nous vivons avec nos parents proches des expériences uniques.

Troisième contexte, qui se définit par l'absence des autres : la solitude. Dans nos sociétés technologiques, nous passons environ un tiers de nos journées seuls, proportion bien plus importante que dans les sociétés tribales où être seul est souvent considéré comme dangereux. Mais nous n'apprécions pas la solitude ; l'immense majorité des individus s'efforce de l'éviter dans la mesure du possible. Or, on ne peut effectuer certaines activités que seul : s'occuper des travaux ménagers, pour les femmes au foyer, apprendre à travailler, pour les enfants. Et bien des emplois salariés sont, au moins en partie, solitaires. Nous devons donc, bon gré mal gré, apprendre à supporter la solitude, sinon, la qualité de notre vie en souffrirait.

Dans ce chapitre et le suivant, je parle de la façon dont les gens utilisent leur temps, seuls ou en compagnie, et de la façon dont ils vivent ce qu'ils font. Sur quelles informations mes observations se fondent-elles ?

Pour déterminer l'usage qui est fait du temps, on s'appuie généralement sur l'étude des sondages, enquêtes et emplois du temps. Ces méthodes consistent à demander à des individus de tenir un journal en fin de journée ou de semaine ; elles sont faciles à gérer mais, comme elles se fondent sur des souvenirs, elles manquent de précision. Il existe une autre méthode, dite d'échantillonnage de l'expérience vécue, ou ESM[12], que j'ai mise au point à l'université de Chicago au début des années 1970. À l'aide d'un bip ou d'une montre programmée, un signal est envoyé à la personne, qui doit alors remplir deux pages d'un carnet qu'elle transporte avec elle en permanence. Les signaux se déclenchent arbitrairement toutes les deux heures à peu près, depuis le matin, jusqu'à 23 heures ou plus. Au signal, la personne note l'endroit où elle se trouve, ce qu'elle est en train de faire, à quoi elle pense, avec qui elle est, et elle évalue son état intérieur du moment sur différentes échelles numériques – est-elle plus ou moins heureuse, concentrée, motivée, contente d'elle-même, etc.

En fin de semaine, chaque personne aura rempli jusqu'à cinquante-six pages de son carnet, donnant ainsi un film virtuel de ses activités et expériences quotidiennes. Cela permet d'esquisser son emploi du temps du matin au soir tous les jours de la semaine, et de suivre les fluctuations de son humeur en fonction de ses activités et des gens avec qui elle se trouve.

Notre laboratoire de Chicago a ainsi accumulé au cours des années une documentation de plus de soixante-dix mille pages, émanant de deux mille trois cents personnes interrogées, environ ; et des enquêtes menées dans des universités d'autres régions du monde ont plus que triplé ces chiffres. Il est important de disposer d'un grand nombre de réponses car cela permet d'étudier en détail et avec beaucoup de précision le profil et la qualité de la vie quotidienne. Nous pouvons par exemple savoir combien de repas les gens consomment par jour et l'état d'esprit dans lequel ils le font. Mieux encore, nous pouvons déterminer si les adolescents, les adultes et les personnes âgées considèrent ces repas de la même façon, et si le fait de manger seul ou en compagnie modifie la qualité de l'expérience. Cette méthode permet également d'établir des comparaisons entre Américains, Européens et Asiatiques ou toute autre culture où la méthode peut être utilisée. Dans les pages qui suivent, je ferai état de résultats obtenus aussi bien à partir de sondages et d'enquêtes qu'avec la méthode ESM. Les notes en fin de volume indiqueront les sources d'où proviennent les informations.

2

Le contenu de l'expérience

Nous avons vu que le travail, l'entretien et les loisirs mobilisent l'essentiel de notre énergie psychique. Mais telle personne peut adorer travailler tandis qu'une autre déteste ça ; telle personne peut apprécier d'avoir du temps libre tandis qu'une autre s'ennuie quand elle n'a rien à faire. Si, donc, nos activités quotidiennes sont largement déterminées par le genre de vie que nous menons, la façon dont nous les vivons est plus déterminante encore.

Les émotions sont les éléments les plus subjectifs de la conscience, puisque ceux qui les ressentent sont les seuls à pouvoir dire s'ils éprouvent réellement amour, haine, reconnaissance ou joie. Mais l'émotion est aussi le contenu le plus objectif de la psyché, car la sensation « tripale » que nous procurent l'amour, la honte, la peur et la joie est généralement plus réelle que ce que nous observons dans le monde extérieur, ou que nous apprenons dans les livres. Nous nous trouvons donc souvent dans une position paradoxale : d'une part, comparable à celle des psychologues du comportement quand nous regardons les autres, car nous sommes alors moins enclins à tenir compte de leurs paroles que de leurs actes ; d'autre part, comparable à celle des phénoménologues quand nous regardons en nous-mêmes, car alors nous faisons plus confiance à notre ressenti qu'à des événements ou actions extérieurs.

Les psychologues ont identifié neuf émotions fondamentales[1] susceptibles d'être reconnues dans les expressions faciales de personnes appartenant à des cultures très différentes. De même que tous les êtres humains sont capables de voir et de parler, ils partagent les mêmes états émotionnels. En simplifiant à l'extrême, on peut dire que toutes les émotions possèdent la même dualité fondamentale : elles sont soit positives et attirantes, soit négatives et repoussantes. C'est en raison de cette caractéristique très simple que les émotions nous aident à choisir ce qui est bon pour nous. Un bébé est attiré par un visage, il est heureux de voir sa mère, parce que ça l'aide à créer des liens avec la personne qui s'occupe de lui. Nous éprouvons du plaisir à manger ou à fréquenter un représentant du sexe opposé, parce que l'espèce ne survivrait pas si nous ne cherchions pas à nous nourrir et à nous reproduire. Nous éprouvons une répulsion instinctive devant les serpents, les insectes, les odeurs de pourriture, l'obscurité, toutes choses qui, au cours de l'évolution, ont pu représenter de graves dangers pour notre survie.

En plus des émotions génétiquement programmées[2], les humains ont développé un grand nombre de sentiments plus subtils, plus délicats, ou plus vils. L'évolution de la conscience comme miroir d'elle-même a permis à notre espèce de « jouer » avec les sentiments, de falsifier ou de manipuler ses émotions comme aucune autre espèce animale. Les chants, masques et danses de nos ancêtres évoquaient la crainte et la terreur respectueuse, la joie et l'ivresse. Aujourd'hui, les films d'horreur, les drogues et la musique jouent le même rôle. Mais à l'origine les émotions servaient de signaux pour le monde extérieur ; de nos jours, elles sont souvent détachées de tout objet réel pour être éprouvées en tant que telles.

Le bonheur[3] est le prototype des émotions positives. Comme l'ont dit maints penseurs depuis Aristote, tous les actes de l'homme ont pour objectif ultime la conquête du bonheur. Nous ne recherchons pas vraiment la richesse, la santé, la célébrité pour elles-mêmes mais parce que nous croyons que leur possession va nous rendre heureux. Le bonheur, en revanche, nous le recherchons pour lui-même, pas parce qu'il peut nous procurer autre chose. Si le bonheur est réellement le but de la vie, que savons-nous de lui ?

Jusqu'au milieu du XXe siècle, les psychologues se sont peu intéressés au bonheur parce que le paradigme béhavioriste dominant dans les sciences sociales soutenait que les émotions subjectives étaient trop élusives pour constituer des sujets de recherche scientifique valables. Depuis, l'empirisme académique s'étant dissipé et permettant désormais de reconnaître l'importance des expériences subjectives, l'étude du bonheur se développe avec une vigueur nouvelle.

Les résultats de ces travaux sont à la fois banals et surprenants. Comment ne pas s'étonner, en effet, qu'en dépit des problèmes et des catastrophes les gens du monde entier aient tendance à se décrire comme bien plus heureux que malheureux ? En Amérique, par exemple, un tiers de l'échantillon représentatif interrogé se dit « très heureux », et une personne sur dix seulement avoue n'être « pas vraiment heureuse ». La majorité se situe à mi-chemin, s'estimant « assez heureuse ». Des résultats similaires ont été recueillis dans des dizaines d'autres pays. Comment est-ce possible, alors que tous les penseurs de l'Histoire, considérant la brièveté et les souffrances de l'existence, ont toujours affirmé que la vie était une vallée de larmes et que l'homme n'était pas fait pour le bonheur ? Cette contradiction s'explique peut-être par la nature perfectionniste des prophètes et des philosophes, qui sont choqués par les imperfections de la vie, alors que le reste de l'humanité se réjouit tout simplement d'être vivant, en dépit de ces imperfections.

On peut bien entendu trouver une explication plus pessimiste, dire par exemple qu'en se déclarant « assez heureuses » les personnes interrogées veulent tromper l'enquêteur, et, plus probablement, essaient de se rassurer elles-mêmes. Karl Marx nous a appris à penser que, si un ouvrier peut se sentir parfaitement heureux, ce bonheur subjectif n'est qu'un leurre parce que, objectivement, l'ouvrier est aliéné par le système qui l'exploite. Jean-Paul Sartre a, pour sa part, parlé de « fausse conscience », affirmant que la plupart des individus vivent en faisant semblant, y compris pour eux-mêmes, de se trouver dans le meilleur des mondes possibles. Plus récemment, Michel Foucault et les postmodernes ont mis en évidence le fait que quand nous parlons notre discours ne témoigne pas d'événements réels mais uniquement d'un style narratif, une façon de s'exprimer qui ne renvoie qu'à elle-même. Bien que ces différents penseurs mettent en lumière des questions importantes, dignes d'intérêt, ils souffrent cependant de l'arrogance intellectuelle des critiques persuadés que leur interprétation des faits doit prendre le pas sur l'expérience directe de la multitude. Malgré les doutes exprimés par Marx, Sartre et Foucault, je persiste à penser que quand une personne se dit « assez heureuse », nous n'avons pas le droit d'ignorer cette affirmation ou d'en donner une interprétation contraire.

Autre résultat surprenant de ces enquêtes, la relation entre bien-être matériel et bonheur. Comme on pouvait s'y attendre, plus les gens vivent dans des nations riches et politiquement stables, plus ils se disent heureux (ainsi, les Suisses et les Norvégiens seraient plus heureux que les Grecs et les Portugais) – mais pas toujours (les Irlandais, par exemple, plus pauvres que les Japonais, s'estiment plus heureux qu'eux). Toutefois, au sein d'une même société, on constate une relation très minime entre richesse et bonheur ; les milliardaires américains sont à peine plus heureux que les représentants des classes moyennes. Et, si le revenu moyen par habitant, en dollars constants, a plus que doublé aux États-Unis entre 1960 et les années 1990, la proportion d'individus se disant très heureux s'est maintenue à 30 %. Ces résultats permettraient visiblement de conclure que, au-delà du seuil de pauvreté, les ressources supplémentaires n'augmentent pas notablement le bonheur.

Un certain nombre de facteurs individuels interviennent aussi dans l'estimation du bonheur. Un homme en bonne santé, extraverti, ayant confiance en lui, une vie de couple stable et des croyances religieuses aura plus tendance à se dire heureux qu'un malade chronique introverti, athée et divorcé, doutant de lui-même. Au vu de ces corrélations, le scepticisme des critiques postmodernes pourrait se justifier. Il est par exemple probable qu'un croyant en bonne santé présentera une version plus « heureuse » de son existence qu'un athée malade, quelle que soit la qualité objective de leur expérience individuelle. Mais puisque nous n'avons accès aux données « brutes » de l'expérience qu'à travers des filtres interprétatifs, la description de notre ressenti constitue une partie essentielle de nos émotions. Une femme qui se dit heureuse de travailler douze ou treize heures par jour pour pouvoir assurer un toit à ses enfants l'est sans doute plus qu'une femme qui ne voit pas pourquoi elle devrait s'embêter à chercher un emploi.

Mais le bonheur n'est certainement pas la seule émotion digne d'être considérée. En fait, ce n'est peut-être pas la première chose à rechercher quand on veut améliorer la qualité de sa vie. Tout d'abord, la façon dont les individus évaluent leur bonheur ne varie pas autant, d'une personne à l'autre, que ce qu'ils disent de leurs autres émotions ; si vide que soit leur vie, ils n'aiment pas s'avouer malheureux. En outre, la notion de bonheur dépend plus de la personne elle-même que de sa situation. Autrement dit, il y a des gens qui finissent par se considérer comme heureux quelles que soient les circonstances, alors que d'autres vont s'estimer moins heureux, quoi qu'il leur arrive. D'autres sensations sont beaucoup plus influencées par nos activités, l'endroit où nous sommes et ceux qui nous entourent. Ces états sont plus sensibles aux fluctuations immédiates et, du fait qu'ils sont liés à notre sentiment de bonheur, ils peuvent finir par l'augmenter.

Notre humeur dépend beaucoup de ce que nous sommes en train de faire. On se sent, par exemple, plus actif, plus fort et plus attentif quand on effectue une tâche exigeante et, inversement, moins actif, moins fort et moins attentif quand on est confronté à un échec ou quand on reste inactif. Notre état intérieur est donc affecté par nos choix. Et quand on se sent plus actif et plus fort, il est probable qu'on se sente aussi plus heureux. Si bien qu'en définitive le choix d'une activité modifie notre sensation de bonheur. De la même façon, la plupart des gens se sentent plus joyeux et plus sociables en compagnie que seuls. Or, la joie et la sociabilité sont intimement liées au bonheur, et cela explique sans doute pourquoi les extravertis sont, en moyenne, plus heureux que les introvertis.

La qualité de la vie ne dépend pas uniquement du bonheur, mais également de ce que l'on fait pour être heureux. Si l'on ne se propose pas d'objectifs, si l'on ne se sert pas pleinement de ses capacités intellectuelles, on ne connaîtra que des satisfactions inférieures à ce qu'elles pourraient être. La personne qui se retire du monde pour « cultiver son jardin », comme le Candide de Voltaire, n'aura pas une vie pleinement remplie. Sans rêves, sans risques, l'ennui nous guette.

Les émotions renvoient aux états intérieurs de conscience. Les émotions négatives, tristesse, peur, angoisse et ennui produisent dans l'esprit une « entropie psychique[4] », c'est-à-dire un état qui nous rend incapables de nous occuper de tâches extérieures tant que nous n'avons pas retrouvé une harmonie subjective interne. Les émotions positives, bonheur, enthousiasme ou vigilance sont des états de « négentropie psychique » parce que, ne mobilisant pas notre attention pour ruminer ou nous lamenter sur notre sort, ils permettent à l'énergie psychique de circuler librement, quelle que soit la tâche pratique ou intellectuelle dans laquelle nous décidons de nous investir.

Quand on choisit d'entreprendre une tâche donnée, c'est qu'on a formé une intention ou déterminé un but.

L'intensité et la durée de notre implication dans cette tâche sont fonction de notre motivation. C'est pourquoi intentions, buts et motivations sont également des manifestations de négentropie psychique. Ils focalisent l'énergie psychique, établissent des priorités, contribuant ainsi à mettre de l'ordre dans la conscience. Sans eux, les processus mentaux deviennent rapidement aléatoires, et le ressenti des émotions a tendance à s'étioler.

Les buts sont généralement hiérarchisés, depuis les plus triviaux, comme aller au coin de la rue pour s'acheter une glace, jusqu'aux plus nobles, comme risquer sa vie pour la patrie. Au cours d'une journée moyenne, les gens disent passer un tiers de leur temps à faire des choses qu'ils ont envie de faire, un tiers à faire ce qu'ils doivent faire et le dernier tiers à s'occuper parce qu'ils n'ont rien de mieux à faire. Ces proportions varient en fonction de l'âge, du sexe et de l'activité : les enfants ont la sensation d'avoir plus le choix que leur père, et les hommes plus que les femmes ; les activités faites à la maison sont perçues comme plus libres que celles qui sont faites au travail.

Dans leur grande majorité, les témoignages prouvent que, si les gens préfèrent faire ce qu'ils veulent, ils ne détestent pas exécuter des tâches imposées. Ce qui augmente leur entropie psychique, c'est de s'activer faute de mieux. La motivation personnelle et la motivation extérieure sont donc préférables à l'état où l'on agit par défaut, sans but, donc sans concentrer son attention. Et tout ce temps passé à agir sans motivation serait mieux employé à tenter d'améliorer la qualité de sa vie.

L'intention focalise l'énergie psychique sur un court laps de temps, alors qu'un but s'inscrit généralement dans la durée, si bien qu'au bout du compte ce sont nos buts qui vont façonner et déterminer le type d'individu que nous deviendrons. La différence essentielle entre mère Teresa la religieuse et Madonna la chanteuse, ce sont les objectifs qu'elles se sont fixés tout au long de leur vie. Pour élaborer un moi cohérent il faut se proposer des buts cohérents. En investissant judicieusement l'énergie psychique fournie par des objectifs précis, on ordonne l'expérience vécue. L'ordre ainsi obtenu, qui se manifeste par des actes, des émotions et des choix prévisibles, dessine peu à peu les contours identifiables d'un « moi » plus ou moins unique.

Les buts que l'on se propose déterminent aussi l'estime que l'on a pour soi. Comme l'a souligné William James il y a plus d'un siècle, l'estime de soi[5] dépend du rapport entre ambition et réussite. La personne qui a une piètre opinion d'elle-même s'est, soit proposé des objectifs trop élevés, soit heurtée trop fréquemment à l'échec. Ceux qui réussissent le mieux n'ont donc pas nécessairement la plus haute estime d'eux-mêmes. Ainsi, les jeunes Américains d'origine asiatique, excellents élèves, sont-ils dans l'ensemble moins fiers d'eux que d'autres minorités moins brillantes, parce qu'ils placent leurs objectifs beaucoup plus haut que leurs succès. Les mères travaillant à temps plein ont une moindre opinion d'elles-mêmes que les femmes au foyer, parce que, tout en en faisant plus, elles voudraient être capables d'en faire plus encore. Il s'ensuit que, contrairement à la croyance populaire, il n'est pas toujours souhaitable de favoriser l'estime de soi chez un enfant, surtout si cela implique de réduire ses ambitions.

Il existe d'autres idées fausses concernant les intentions et les objectifs. D'aucuns disent par exemple que les religions orientales, comme les différentes formes de bouddhisme et d'hindouisme, prescrivent la suppression de l'intentionnalité comme condition préalable au bonheur. Ils affirment que si l'homme veut échapper à la souffrance il doit renoncer à tout désir et vivre une existence sans but. Ce type de raisonnement a incité beaucoup de jeunes, en Amérique et en Europe, à croire que seule une conduite parfaitement spontanée et aléatoire pouvait les amener à la libération.

Selon moi, cette interprétation du message oriental est très superficielle. Car tenter d'abolir le désir est un but extrêmement ambitieux. Nous sommes si profondément programmés par nos désirs génétiques et culturels qu'il faut une volonté presque surhumaine pour les abolir complètement. Croire qu'en étant spontanés on évite de se conformer à des buts c'est, en définitive, se laisser gouverner par les desseins inscrits en soi par la nature et l'éducation. Et cela conduit, bien souvent, à devenir assez mesquin, libidineux et buté pour faire se dresser sur sa tête les cheveux de n'importe quel moine bouddhiste.

Ce qu'enseignent réellement les religions orientales, me semble-t-il, ce n'est pas l'abolition de tout projet personnel, mais la nécessaire défiance à l'égard de la plupart des intentions que nous formons spontanément. Afin d'assurer notre survie dans un monde dominé par la pénurie, nos gènes nous ont programmés pour être avides de nourriture et de pouvoir, pour dominer les autres. Dans la même intention, le groupe social où nous sommes nés nous enseigne que seuls les individus parlant notre langue et pratiquant notre religion méritent notre confiance. Le poids du passé fait que la plupart de nos objectifs sont nécessairement façonnés par notre héritage génétique ou culturel. C'est de cela, disent les bouddhistes, que nous devons apprendre à nous libérer. Mais un tel projet nécessite une forte motivation. Paradoxalement, apprendre à nous défaire de ces buts programmés peut requérir l'investissement permanent de toute notre énergie psychique. Le yogi ou le moine bouddhiste a besoin de toute son attention pour empêcher les désirs programmés de faire irruption dans sa conscience et il lui reste donc peu d'énergie psychique pour entreprendre autre chose. La pratique des religions orientales est donc presque l'inverse de ce que l'Occident a pu en comprendre.

Apprendre à gérer ses objectifs est une étape importante pour l'amélioration de la vie quotidienne. Mais cela n'implique la recherche ni d'une extrême spontanéité ni d'un contrôle compulsif. Essayez déjà de comprendre les racines de vos motivations et, tout en étant conscient des penchants inscrits dans vos désirs, de choisir en toute humilité des objectifs susceptibles d'augmenter l'ordre dans votre conscience sans causer trop de désordres dans votre environnement social ou matériel. Ne pas aller jusque-là, c'est diminuer ses chances de développer son potentiel et tendre vers plus, c'est se condamner à l'échec.

Le troisième contenu de la conscience – après l'émotion et l'intention – ce sont les opérations cognitives. La pensée est un sujet si vaste qu'il est hors de question d'en entreprendre l'étude systématique ici ; il s'agit plutôt de simplifier la question de manière à pouvoir l'aborder dans son rapport avec la vie quotidienne. Ce que nous appelons penser est aussi un processus de mise en ordre de l'énergie psychique. Les émotions focalisent l'attention en mobilisant l'ensemble de l'organisme selon un mode d'approche ou d'évitement. Les buts focalisent l'attention en nous proposant des images des réalisations souhaitées. Les pensées organisent l'attention par la production de séquences imagées liées entre elles de façon signifiante.

Par exemple, l'une des opérations mentales les plus élémentaires consiste à relier cause et effet. On peut voir apparaître cette faculté lorsqu'un bébé découvre pour la première fois qu'un geste de sa main lui permet de faire tinter la clochette suspendue au-dessus de son berceau. Sur cette relation simple va s'élaborer une grande partie de la pensée. Mais avec les années, les étapes intermédiaires entre cause et effet vont devenir de plus en plus abstraites, éloignées des réalités concrètes. L'électricien, le compositeur, l'agent de change envisagent simultanément des centaines de connexions possibles entre les symboles sur lesquels se fonde leur travail – watts et ohms, notes et cadences, prix d'achat et de vente des denrées.

Émotions, intentions et pensées, le lecteur l'aura sans doute compris, ne traversent pas la conscience comme des données d'expérience séparées, mais sont en relation constante et se modifient mutuellement. Un jeune homme tombe amoureux d'une jeune fille et ressent toutes les émotions qu'implique l'amour. Il veut gagner son cœur et réfléchit aux moyens d'atteindre ce but. Il se dit qu'en possédant une belle voiture il peut attirer son attention. Le but de gagner suffisamment d'argent pour acheter cette voiture s'inscrit donc dans l'objectif de courtiser la jeune fille – mais la nécessité de travailler davantage peut empêcher le garçon d'aller à la pêche et produire une émotion négative, qui va générer de nouvelles pensées, qui à leur tour peuvent ramener les objectifs du jeune homme dans le droit-fil de ses émotions... le flot de l'expérience vécue charrie toujours toutes sortes d'informations concurrentielles.

Pour effectuer des opérations mentales un peu profondes, il faut apprendre à concentrer son attention[6]. Quand elle n'est pas focalisée, la conscience est en état de chaos. Livré à lui-même l'esprit fonctionne sans ordre : des pensées surgissent au hasard et se bousculent au lieu de s'organiser en séquences causales logiques. Si l'on n'apprend pas à se concentrer, si l'on n'est pas capable de cet effort, les pensées s'éparpillent sans aboutir à la moindre conclusion. Même la rêverie – c'est-à-dire l'enchaînement d'images agréables créant une sorte de film intérieur – suppose une certaine capacité de concentration, et il semble que beaucoup d'enfants n'apprennent jamais à contrôler suffisamment leur attention pour être capables de s'y adonner.

La concentration requiert un effort supplémentaire quand elle va à l'encontre des émotions et motivations. Un élève qui déteste les mathématiques aura du mal à fixer son attention sur son livre assez longtemps pour apprendre sa leçon et il devra être poussé par des nécessités puissantes (passer dans la classe supérieure, par exemple) pour s'y astreindre. D'une façon générale, plus une tâche mentale est ardue, plus il est difficile d'y rester concentré. Mais quand on aime ce qu'on fait, quand on est motivé, la concentration mentale ne demande aucun effort, quelles que soient les difficultés.

Lorsqu'on parle de la pensée, la plupart des gens ont tendance à croire qu'elle a un rapport avec l'intelligence. Ils s'intéressent aux différences individuelles comme le QI ou le génie mathématique. L'intelligence ferait référence à divers processus mentaux tels que la facilité avec laquelle on se représente et on manipule des quantités, ou la sensibilité aux différentes informations contenues dans les mots. Mais, comme l'a montré Howard Gardner[7], il est possible d'étendre le concept d'intelligence pour y inclure la capacité de différencier et d'utiliser toutes sortes d'informations, y compris des sensations musculaires, des sons, des sentiments, des formes visuelles. Certains enfants naissent avec une hypersensibilité aux sons. Ils sont plus capables que d'autres de reconnaître des tons et des hauteurs et, plus tard, ils apprennent le solfège et produisent des harmonies avec une grande facilité. Dans d'autres domaines comme la vue, les sports, les mathématiques, un léger avantage à la naissance peut aussi engendrer des capacités supérieures.

Mais un talent inné ne peut se transformer en intelligence mature que par l'apprentissage de l'attention. Un enfant doué pour la musique ne peut devenir musicien, un enfant doué pour les mathématiques devenir ingénieur ou physicien qu'en y consacrant beaucoup d'énergie psychique[8]. Il faut de l'application pour acquérir les connaissances et l'habileté nécessaires à la réalisation des opérations mentales indispensables au travail de l'adulte. Mozart était un prodige et un génie, mais si son père ne l'avait pas forcé à faire de la musique dès sa plus tendre enfance, il est douteux que son talent se fût déployé comme il l'a fait. En apprenant à se concentrer, on acquiert la maîtrise de son énergie psychique, carburant essentiel à toute opération mentale.

Dans la vie de tous les jours, il est rare que les différents contenus de l'expérience vécue soient synchrones. Au travail, mon attention peut être focalisée parce que mon patron m'a demandé de faire quelque chose qui requiert une réflexion intense. Mais comme ce n'est pas ce que j'aurais choisi de faire, je ne me sens pas très motivé. En plus, je suis distrait par l'inquiétude que suscite en moi la conduite dissipée de mon fils adolescent. Donc, tout en étant concentré sur ma tâche, je ne m'y investis pas vraiment. Mon esprit n'est pas complètement chaotique, mais une certaine entropie règne dans ma conscience – pensées, émotions et intentions la traversent, produisant des élans contradictoires et tirant mon attention dans différentes directions. Ou, pour prendre un autre exemple, je peux être ravi de boire un pot avec des amis et me sentir coupable de ne pas être chez moi, avec les miens, et furieux de gaspiller du temps et de l'argent.

Ce type de scénarios est très fréquent dans notre vie quotidienne : nous connaissons rarement la sérénité qu'engendre l'harmonie entre cœur, esprit et volonté. Désirs, intentions et pensées conflictuelles se bousculent dans notre conscience, et nous sommes impuissants à les ordonner.

Envisageons maintenant d'autres possibilités. Imaginez par exemple que vous faites du ski. Vous descendez une pente abrupte, et votre attention est focalisée sur les mouvements de votre corps, la position de vos skis, l'air qui vous siffle aux oreilles et les arbres couverts de neige qui défilent autour de vous. Il n'y a pas de place dans votre conscience pour les conflits ou les contradictions ; vous savez qu'à la moindre distraction vous risquez de vous retrouver le derrière dans la neige. Des distractions, pour quoi faire ? Vous vivez une expérience si parfaite que vous aimeriez la prolonger indéfiniment, y être complètement immergé.

Vous n'aimez pas le ski ? Alors remplacez-le dans cet exemple par votre activité favorite, chanter dans une chorale, programmer un ordinateur, danser, jouer au bridge, lire un bon livre ou autre. Si, comme beaucoup de gens, vous aimez votre travail, cela peut être entreprendre une intervention chirurgicale complexe ou une négociation commerciale serrée. Cette complète immersion dans une activité peut également se produire à l'occasion d'une rencontre, pendant une conversation entre amis, ou en jouant avec un petit enfant. Le point commun entre tous ces moments, c'est que la conscience vit toutes sortes d'expériences, et que celles-ci sont en harmonie les unes avec les autres. Contrairement à ce qui se produit trop souvent dans notre existence quotidienne, nous sentons alors une parfaite adéquation entre sensations, désirs et pensées.

Ces moments exceptionnels sont ce que j'ai appelé des expériences-« flux[9] ». Les gens choisissent souvent cette métaphore liquide, mouvante, pour décrire l'absence d'effort qui accompagne les moments privilégiés de leur vie. Les athlètes parlent d'une « autre dimension », les mystiques d'« extase », les artistes et les musiciens « d'exaltation créatrice ». Athlètes, mystiques, artistes et musiciens s'adonnent à des occupations très différentes lorsqu'ils vivent cette expérience ultime, pourtant les descriptions qu'ils en font se ressemblent étrangement.

Le flux a tendance à se produire lorsque la personne se trouve face à un ensemble d'objectifs clairs qui nécessitent des réactions appropriées. Il est facile d'entrer dans le flux en jouant à des jeux comme les échecs, le tennis ou le poker parce qu'ils ont un but et des règles qui permettent au joueur de savoir quoi faire, et comment procéder. Tant que dure la partie, les joueurs sont dans un univers à part où tout est noir ou blanc. On retrouve cette même clarté d'objectif dans des activités comme les rituels religieux, l'exécution d'un morceau de musique, le tissage d'un tapis, l'invention d'un programme d'ordinateur, l'escalade, la chirurgie. Les activités qui provoquent le flux peuvent être qualifiées d'activités-flux parce qu'elles permettent à l'expérience optimale de se produire. Contrairement aux habitudes, ces activités favorisent la concentration sur des objectifs à la fois clairs et compatibles.

Autre caractéristique de ces activités-flux : elles produisent une rétroaction immédiate. Vous savez tout de suite si votre action est juste. Après chaque coup, dans une partie, vous pouvez dire si votre position s'est améliorée ou non. À chaque pas, le grimpeur sait qu'il se trouve un peu plus haut. À chaque mesure, la chanteuse sait si elle est dans le rythme. Le tisserand peut constater qu'il a fidèlement reproduit le modèle du tapis. Le chirurgien voit, dès qu'il a incisé, si le bistouri a provoqué ou non une hémorragie. Au travail ou à la maison, on peut passer de longs moments sans savoir où on en est, alors que dans le flux on le sait presque toujours.

Le flux se produit généralement lorsque les aptitudes d'une personne sont pleinement mises à contribution par l'exécution d'une tâche difficile mais réalisable. L'expérience optimale implique généralement un délicat équilibre entre capacités d'action et occasions de les mettre en pratique (voir figure 1). Si la tâche se révèle trop ardue, l'individu est contrarié, puis soucieux et finalement angoissé. Si le défi n'est pas à la hauteur de ses capacités, il commence par se détendre, puis il s'ennuie. Si la tâche à accomplir est facile et les capacités de l'individu insuffisantes, c'est l'apathie qui s'installe. Mais quand le défi est à la hauteur des capacités, alors l'expérience optimale, si différente de la vie ordinaire, peut se produire. Elle survient, pour le grimpeur, au moment où la montagne exige toutes ses forces, pour la chanteuse, quand un air requiert toutes ses capacités vocales, pour le tisserand quand le dessin du tapis est plus complexe que d'ordinaire, et pour le chirurgien quand l'opération met en jeu des techniques ou des procédures nouvelles. Une journée normale est souvent marquée par l'angoisse et l'ennui. Les expériences-flux sont des éclairs de vie intense sur cet arrière-plan morose.

Lorsque les objectifs sont clairs, la rétroaction pertinente, les capacités et les défis équilibrés, l'attention s'ordonne et s'investit pleinement. Du fait que toute l'énergie psychique est requise, la personne est complètement focalisée. Il n'y a aucune place dans sa conscience ni pour des pensées dérangeantes ni pour des sensations superflues. La conscience de soi s'estompe et, pourtant, on se sent plus fort que jamais. La notion du temps change : les heures passent comme des minutes. Lorsque l'être tout entier est tendu vers le fonctionnement optimal du corps et de l'esprit, la tâche accomplie est accomplie pour elle-même, et vivre n'a pas besoin d'une autre justification que vivre. Dans cette harmonieuse concentration de l'énergie physique et psychique, la vie devient enfin ce qu'elle doit être.

Figure 1[10]

La qualité de l'expérience vécue est fonction de la relation entre défis et capacités. L'expérience optimale, ou flux, se produit lorsque les deux variables sont au niveau maximal.

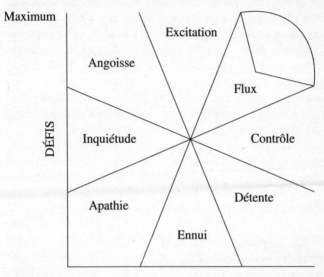

Sources : adapté de Massimi & Carli, 1988, Csikszentmihalyi, 1990.

Plus que le bonheur, ce sont ces moments d'intense implication dans l'expérience vécue qui améliorent la qualité de la vie. Pendant une expérience-flux, le bonheur n'existe pas, car pour le ressentir il faut se concentrer sur son état intérieur, et cela distrairait de la tâche entreprise. Si un alpiniste prenait le temps de se sentir heureux pendant qu'il négocie un passage difficile, il risquerait de dévisser et de tomber. Le chirurgien ne peut pas se permettre de se demander s'il est heureux pendant qu'il opère, pas plus que le musicien en pleine exécution d'un morceau difficile. Ce n'est qu'après avoir accompli une tâche que nous avons le loisir de revenir sur ce qui s'est passé, et nous sommes alors envahis par un sentiment de gratitude extraordinaire pour la qualité de ce qui vient d'être vécu – ensuite seulement, rétrospectivement, nous sommes heureux. Mais on peut être heureux sans connaître l'expérience-flux. Le bonheur peut provenir de plaisirs passifs, repos du corps, chaleur du soleil, relation paisible. Ces moments-là aussi sont précieux, mais le bonheur qu'ils procurent est fragile et dépend des conditions extérieures. À l'inverse, le bonheur que procure le flux dépend de nous et permet à notre conscience de devenir plus vaste et plus complexe.

Le graphique de la figure 1 permet aussi de comprendre pourquoi le flux est un facteur d'évolution personnelle. Supposons qu'une personne se trouve dans la portion « Excitation » du graphique. Ce n'est pas un état désagréable ; excitée, la personne se sent psychiquement focalisée, active et impliquée – mais ni très forte ni en contrôle. Comment peut-elle accéder à l'état de flux, beaucoup plus désirable ? La réponse est évidente : en acquérant de nouvelles capacités. Regardons maintenant le secteur « Contrôle ». Il représente un état positif où l'on se sent fort, heureux, satisfait, mais où l'on manque de concentration, d'implication et de la sensation de faire des choses importantes.

Alors comment revenir au flux ? En se proposant des tâches plus difficiles. Excitation et contrôle sont donc des états très importants pour apprendre. Les autres états sont bien moins favorables. Si l'on se sent angoissé ou inquiet, par exemple, l'expérience optimale peut sembler hors d'atteinte et pousser vers des situations moins difficiles au lieu d'inciter à l'effort.

L'expérience optimale agit donc comme une incitation au dépassement – c'est-à-dire à relever sans cesse le niveau des défis et des capacités. Idéalement, l'individu devrait passer son temps à évoluer tout en accomplissant avec plaisir chaque activité entreprise. Hélas, la réalité est bien différente. L'ennui nous rend souvent trop apathiques pour accéder à la zone du flux, et nous préférons nous remplir l'esprit de stimulations programmées, soit en regardant des cassettes vidéo soit en jouant à des jeux électroniques. Ou alors nous n'avons même plus l'idée d'acquérir de nouvelles capacités et nous préférons suivre la dangereuse pente de l'apathie provoquée par les médicaments, les drogues et l'alcool. Il faut de l'énergie pour accéder à l'expérience optimale, et nous n'avons pas toujours la force ou la volonté nécessaires pour accomplir le premier pas.

À quelle fréquence les gens vivent-ils l'expérience-flux ? Tout dépend de ce qu'on accepte comme approximations de cet état idéal. Si l'on demande à un échantillonnage représentatif d'Américains : « Vous arrive-t-il de vous investir tellement à fond dans quelque chose que plus rien d'autre ne compte et que vous perdez la notion du temps ? », un sur cinq, en moyenne, répondra qu'effectivement, cela lui arrive souvent, jusqu'à plusieurs fois par jour ; 15 % environ diront que non, cela ne leur est jamais arrivé.

Ces chiffres semblent relativement stables et universels. Une enquête récente menée auprès de 6 469 Allemands[11] à qui l'on posait cette question a par exemple donné les résultats suivants : souvent, 23 % ; parfois, 40 % ; rarement, 25 % ; jamais ou ne sait pas, 12 %. Il est évident que si l'on ne comptait que les expériences-flux les plus intenses, ces chiffres seraient bien inférieurs.

L'expérience-flux se produit généralement lorsque la personne se livre à son activité favorite : jardiner, écouter de la musique, jouer au bowling, préparer un bon repas. Elle peut aussi intervenir quand on conduit, discute avec des amis et, curieusement, pendant le travail. Il est rare que les gens vivent le flux au cours d'activités passives, comme regarder la télévision ou se reposer. Mais, puisque presque toutes les activités sont susceptibles de déclencher cette expérience optimale pourvu que les conditions nécessaires soient réunies, nous pouvons améliorer la qualité de notre vie en nous arrangeant pour avoir en permanence des objectifs clairs, une rétroaction immédiate et des capacités en rapport avec tout ce que nous sommes amenés à faire quotidiennement.

3

Qualité des différentes expériences vécues

La qualité de notre vie dépend de ce que nous faisons pendant les quelque soixante-dix ans qu'elle dure et de ce qui se produit dans notre conscience pendant le même temps. Certaines activités affectent la qualité de la vie de façon parfaitement prévisible. Si nous passons notre existence à exécuter des tâches déprimantes, il est peu probable que nous soyons heureux. Chaque activité possède généralement deux aspects, l'un positif, l'autre négatif. Manger, par exemple, procure des sensations plus positives que les autres occupations ; si nous devions dessiner le niveau de satisfaction d'une personne au cours d'une journée, le graphique ressemblerait à un pont suspendu, les repas constituant les points hauts de l'ouvrage. Mais quand nous mangeons, la concentration mentale est faible, et il est rare d'expérimenter le flux.

Les effets psychologiques de chaque activité ne sont pas linéaires mais dépendent de leur relation systémique avec le reste de nos activités. Exemple : si la nourriture est source de satisfaction, nous ne trouverons cependant pas le bonheur en mangeant toute la journée. La satisfaction que procure la nourriture disparaît si nous passons plus de 5 % de notre journée à manger. Il en va de même pour toutes les bonnes choses de la vie : rapports sexuels, relaxation et télévision à petites doses tendent à améliorer considérablement la qualité de notre quotidien, mais leurs effets ne sont pas cumulatifs ; un seuil de moindre satisfaction est rapidement atteint.

Le tableau 2 présente une vision très schématique de la façon dont les gens vivent les différentes activités qui constituent leurs journées. Il montre que, quand les adultes travaillent (ou quand les enfants font leurs devoirs), ils sont dans l'ensemble moins heureux que d'habitude, et leur motivation est bien inférieure à la normale. Leur degré de concentration, en revanche, est relativement élevé, et leurs processus mentaux semblent donc plus actifs que le reste du temps. Étrangement, le travail peut aussi déclencher le flux, sans doute parce que les exigences de la tâche et les aptitudes sont à leur maximum, les objectifs et la rétroaction clairs et immédiats.

La catégorie « travail » est si vaste qu'il semble impossible d'en faire une généralisation cohérente. Tout d'abord, on peut dire sans trop de risque que la qualité de l'expérience vécue dépend du poste que l'on occupe. Un aiguilleur du ciel a sans doute plus besoin de se concentrer pendant le travail qu'un veilleur de nuit. Le patron d'une PME est certainement plus motivé qu'un bureaucrate de la fonction publique. Il n'en reste pas moins que les caractéristiques liées au travail subsistent, en dépit de différences très réelles. Le vécu d'un directeur d'usine dans son bureau ressemble plus à celui des ouvriers devant les chaînes d'assemblage qu'à ce qu'il vit chez lui.

Mais la généralisation est d'autant plus difficile que la même profession peut comporter des activités très diverses. Un directeur peut se passionner pour l'élaboration d'un projet et s'ennuyer pendant les conférences ; un ouvrier peut adorer monter des machines mais détester faire un inventaire. Cela ne nous empêche pas de parler des qualités distinctives du travail par comparaison avec d'autres secteurs d'activité. Plus la tâche requiert d'attention et de concentration, plus elle ressemble à une expérience-flux, plus l'expérience est positive. Et lorsque le travail offre des objectifs clairs et une rétroaction évidente, lorsqu'il est à la hauteur des capacités de la personne et lui donne un sentiment de contrôle, les sensations qu'il procure ne sont pas tellement différentes de celles que l'on peut éprouver en faisant du sport ou une activité artistique.

Les activités d'entretien sont vécues de manière assez variée. Peu de gens apprécient les tâches ménagères et beaucoup les jugent neutres sinon négatives. Cependant, en y regardant de plus près, on constate que la préparation des repas est souvent une expérience positive, surtout si on la compare au ménage. Les soins du corps – hygiène, habillage, etc. – ne sont vécus ni négativement ni positivement. Mais manger, comme nous l'avons déjà vu, est l'un des moments les plus positifs de la journée en termes d'affects et de motivation, même s'il demande une activité cognitive réduite et offre peu d'occasions de flux.

Conduire, qui constitue la plus grande partie de la catégorie « transports », est une expérience vécue comme très positive. Neutre en termes de bonheur et de motivation, elle implique savoir-faire et concentration, et donne à pas mal de personnes des occasions de flux plus nombreuses que d'autres activités.

Tableau 2

QUALITÉ DE L'EXPÉRIENCE VÉCUE DANS LES ACTIVITÉS QUOTIDIENNES

Fondé sur les réponses d'adultes et d'adolescents représentatifs lors d'études récentes menées aux États-Unis. La qualité de l'expérience vécue pendant les différentes activités est indiquée comme suit : – négative ; o moyenne ou neutre ; + positive ; ++ très positive ; — très négative.

	Bonheur	Motivation	Concentration	Flux
Activités productives				
Travail sur le lieu de travail ou études	–	–	++	+
Activités d'entretien				
Travaux domestiques	++	–	o	–
Nourriture	++	++	–	o
Hygiène et habillage	o	o	o	o
Transports	o	o	+	+
Activités de loisirs				
Médias (télévision et lecture)	o	+	–	–
Violons d'Ingres, sports, cinéma	+	++	+	o
Interactions sociales, sexualité	++	++	o	++
Repos, flânerie	o	+	–	+

Sources : Csikszentmihalyi et Csikszentmihalyi, 1988 ; Csikszentmihalyi et Graef, 1980 ; Csikszentmihalyi et LeFevre, 1989 ; Csikszentmihalyi, Rathunde et Whalen, 1993 ; Kubey et Csikszentmihalyi, 1990 ; Larson et Richards, 1994.

Comme on pourrait s'y attendre, les loisirs présentent les expériences les plus positives de la journée. Ils se caractérisent par une forte motivation et l'occasion de faire ce qu'on a envie de faire. Néanmoins les loisirs passifs, notamment la consommation de médias et le repos, s'ils sont motivants et facteurs de satisfaction, impliquent peu de concentration mentale et produisent rarement l'expérience-flux.

Les interactions sociales – discussions sans autre projet qu'elles-mêmes – sont généralement vécues comme très positives, même si elles demandent rarement une forte concentration. L'état amoureux et les ébats sexuels comptent parmi les meilleures expériences de la journée, mais du fait de leur rareté pour la plupart des individus, ils n'améliorent pas notablement la qualité de la vie, à moins qu'ils ne s'inscrivent dans une relation durable, source de gratifications affectives et intellectuelles.

Les loisirs actifs constituent une autre source d'expériences très positives. Quand les gens se livrent à leur activité favorite, pratiquer un sport, jouer de la musique, aller au cinéma ou au restaurant, ils sont dans l'ensemble plus heureux, plus motivés, plus concentrés et plus susceptibles de s'immerger dans le flux qu'à n'importe quel autre moment de la journée. Les différentes dimensions de l'expérience vécue sont alors plus focalisées, plus en harmonie les unes avec les autres. Néanmoins il est important de souligner que ces loisirs actifs représentent entre un quart et un cinquième du temps libre seulement, et qu'ils sont bien souvent éclipsés par les loisirs passifs, comme regarder la télévision.

Le tableau 2 permet aussi de poser la question : Quelles sont les activités les plus agréables, les plus motivantes ? et de constater que le bonheur est à son maximum pendant les repas, les loisirs passifs et les échanges avec les autres ; et qu'il est à son minimum pendant le travail, soit professionnel, soit domestique. La motivation se retrouve pendant les mêmes activités, mais aussi pendant les loisirs passifs qui, sans rendre les gens heureux, restent leur occupation favorite. La concentration est à son maximum pendant le travail, la conduite d'une voiture et les loisirs actifs – activités qui demandent le plus d'effort mental et qui, avec les rapports sociaux, provoquent le plus d'expériences-flux. On voit aussi que les loisirs actifs constituent les expériences les plus appréciées, et le ménage, les soins du corps et l'oisiveté, les moins appréciées.

La première chose à faire pour améliorer la qualité de sa vie quotidienne, c'est donc de s'inventer des activités qui soient vécues de façon aussi gratifiante que possible. Cela paraît simple, mais les habitudes et la pression sociale engendrent une telle inertie que les gens ne savent même plus distinguer ce qu'ils aiment faire de ce qui les fatigue et les déprime. Pour repérer les activités qui influencent positivement notre humeur, nous pouvons tenir un journal ou nous interroger chaque soir sur le contenu de la journée écoulée. Après avoir déterminé les activités qui nous conviennent le mieux, nous pourrons commencer à intervenir en augmentant la fréquence des expériences positives et en diminuant celle des autres.

À titre d'exemple, je citerai un cas assez extrême, rapporté par le docteur Marten De Vries[1], psychiatre responsable d'un grand hôpital psychiatrique aux Pays-Bas. Dans cet hôpital, les patients sont régulièrement testés à l'aide de la méthode ESM qui permet de savoir ce qu'ils font toute la journée, à quoi ils pensent et comment ils se sentent. L'une des patientes du doc-teur De Vries, schizophrène chronique hospitalisée depuis plus de dix ans, manifestait tous les symptômes d'une pathologie mentale grave, pensée confuse et affects réduits. Mais au cours des quinze jours de test, elle signala par deux fois être d'excellente humeur. Les deux fois, elle était occupée à se faire les ongles. Estimant que cela valait la peine d'essayer, l'équipe médicale fit venir une manucure professionnelle pour lui enseigner son métier. Vivement intéressée par sa formation, la patiente commença bientôt à s'occuper des ongles des autres malades. Son état évolua de façon si spectaculaire qu'elle put quitter l'hôpital, sous supervision médicale. Elle mit une plaque sur sa porte, et un an plus tard elle était parfaitement autonome. Nul ne sait pourquoi le défi dont cette femme avait besoin consistait à couper des ongles, et, si l'on interprétait cette histoire en termes psychanalytiques, il est possi-ble que personne n'aurait envie de le savoir. Le fait est que le métier de manucure permit à cette personne pré-cise, à ce moment précis de son existence, d'introduire dans sa vie un semblant d'expériences-flux.

En Italie, le professeur Faustino Massimini et son équipe de l'université de Milan utilisent aussi la méthode ESM, à la fois comme outil diagnostic et pour personnaliser des interventions qui, en modifiant les habitudes des patients, peuvent améliorer leur état. À un patient solitaire, ils trouvent un travail ou des activités bénévoles qui le mettent en contact avec d'autres personnes. Si une patiente a peur de la foule, ils l'emmènent au bal, à des spectacles, ou dans les rues de la ville. Le fait de se trouver dans des situa-tions difficiles, mais avec la présence rassurante du thé-rapeute, contribue souvent à faire tomber les obstacles qui empêchaient les patients de s'impliquer dans des activités qui améliorent leur qualité de vie.

Les individus créatifs[2] organisent remarquablement bien leur vie pour que ce qu'ils font, le moment où ils le font, et les personnes avec qui ils le font favorisent leur travail. Si c'est de spontanéité et de désordre qu'ils ont besoin, ils s'arrangent aussi pour les avoir. Voici comment le romancier Richard Stern décrit le rythme de sa vie quotidienne : « Je crois qu'il ressemble au rythme de tout un chacun. Les personnes qui travaillent ont généralement des habitudes régulières, ou alors elles s'arrangent pour alterner solitude et collaboration. De toute façon, elles s'organisent un emploi du temps qui n'est pas uniquement un phénomène externe, un exosquelette. Je le crois étroitement lié à la relation du moi physiologique, hormonal, organique, et à sa relation au monde extérieur. Il peut comprendre des activités aussi banales que lire un journal le matin. Je le faisais, il y a bien des années, puis j'ai arrêté, pendant des années, ce qui a altéré le rythme de mes journées, et ainsi de suite. On boit un verre de vin le soir, à une certaine heure, quand la teneur en sucre du sang baisse, et on s'en réjouit à l'avance. Et puis il y a, bien sûr, les heures où l'on travaille. »

L'une des caractéristiques des rythmes quotidiens est l'alternance entre la solitude et son contraire. Les résultats de nos enquêtes montrent que les gens dépriment quand ils sont seuls et revivent dès qu'ils se trouvent avec leurs semblables[3]. Une personne seule se dit généralement pas très heureuse, pas du tout motivée, peu concentrée, apathique, et autres qualificatifs négatifs tels que passive, solitaire, isolée et dévalorisée. La solitude affecte tout particulièrement les personnes aux ressources limitées, soit parce qu'elles n'ont pas reçu d'instruction, soit parce qu'elles sont pauvres, célibataires ou divorcées. Quant aux pathologies, souvent invisibles tant que la personne est en compagnie, elles se révèlent surtout dans la solitude. L'humeur des dépressifs chroniques ou des anorexiques est impossible à distinguer de celle des individus en bonne santé tant qu'ils sont en compagnie et occupés à faire quelque chose qui demande de la concentration. Mais dès qu'ils se retrouvent seuls et sans rien à faire leur esprit est à nouveau envahi par des pensées déprimantes, et l'entropie s'installe dans leur conscience. Et cela arrive à tout le monde, bien qu'à un degré moindre.

Car toute interaction avec une autre personne, même un inconnu, structure l'attention en fonction d'impératifs extérieurs. La présence d'autrui impose un objectif et provoque des rétroactions. Même une interaction aussi simple que demander l'heure à quelqu'un a ses exigences et fait appel à des capacités spécifiques. Il faut choisir le ton de voix, le sourire, la posture et l'attitude qui conviennent pour arrêter quelqu'un dans la rue et lui faire bonne impression. Les rencontres plus intimes présentent des difficultés parfois considérables et nécessitent une habileté non moins considérable. Les interactions présentent donc des caractéristiques propres à l'expérience optimale, et elles exigent bien sûr un investissement ordonné de notre énergie psychique. À l'inverse, quand nous sommes seuls et désœuvrés, nous n'avons aucune raison de nous concentrer, et bientôt notre esprit se disperse et trouve rapidement un souci à remâcher.

Ce sont les expériences vécues avec des amis qui sont les plus positives. Elles rendent les gens heureux, alertes, sociables, joyeux, motivés, les adolescents surtout, mais aussi les personnes âgées. L'importance des amitiés pour le bien-être intérieur ne doit pas être sous-estimée. Nous nous sentons tout de suite beaucoup mieux quand une personne au moins est disposée à nous entendre évoquer nos difficultés et à nous soutenir affectivement. Des enquêtes réalisées au niveau national[4] montrent que les gens disant avoir cinq ou six amis avec lesquels discuter de problèmes importants sont soixante pour cent plus enclins à s'estimer « très heureux ».

Les expériences vécues en famille[5] sont généralement considérées comme moyennes, inférieures aux expériences vécues avec des amis, mais préférables à la solitude. Précisons que cette moyenne résulte de fluctuations importantes ; on peut se sentir horriblement mal chez soi à un moment et super heureux à un autre. Si la concentration est plus grande au travail, la motivation et le bonheur augmentent à la maison, pour les adultes comme pour les enfants. Chaque membre de la famille vit ses interactions différemment des autres. Quand les pères se trouvent avec leurs enfants, par exemple, ils décrivent l'expérience comme très positive. Les enfants aussi, jusqu'à l'âge de dix ans. Par la suite, les enfants vivent cette relation comme de plus en plus négative (en tout cas jusqu'à l'âge de treize ans, au-delà duquel nous n'avons pas de statistiques disponibles).

L'impact considérable de la présence d'autrui sur la qualité de l'expérience permet de penser qu'investir son énergie psychique dans des relations est une bonne façon d'améliorer sa vie. Même les conversations de bistrot, passives, superficielles, peuvent permettre d'échapper à la dépression. Mais pour qu'une amélioration réelle se produise, il faut trouver des interlocuteurs intéressants et stimulants. Et le mieux serait encore d'acquérir, un jour ou l'autre, la capacité de supporter la solitude, voire de l'apprécier.

La vie quotidienne se déroule dans des cadres divers – la maison, la voiture, le bureau, les rues, les restaurants – et tous ces lieux ont un impact sur la qualité de l'expérience vécue. Les adolescents, par exemple, se sentent bien mieux quand ils sont le plus loin possible du regard des adultes, dans un jardin ou un autre lieu public. Ils se sentent contraints à l'école, à l'église, partout où leur conduite doit se conformer aux attentes des autres. Les adultes aussi préfèrent être dans des lieux publics où ils retrouvent leurs amis et se livrent à des activités de loisirs qu'ils ont choisies. C'est surtout vrai pour les femmes, qui se sentent libérées de corvées quand elles sont loin de chez elles. Les hommes, à l'inverse, associent facilement l'espace public à leur travail et autres responsabilités.

Beaucoup de gens considèrent la voiture comme leur principal instrument de liberté[6] et de contrôle ; ils l'appellent « machine à penser » parce que, en la conduisant, ils peuvent se concentrer sur leurs problèmes et résoudre leurs conflits émotionnels à l'abri d'un cocon protecteur et privé. Un ouvrier des aciéries de Chicago raconte par exemple comment, quand ses problèmes deviennent trop stressants, il saute dans sa voiture après le travail et roule vers l'ouest jusqu'au Mississippi. Il s'installe sur une aire de pique-nique au bord du fleuve et contemple longuement les flots silencieux. Puis il remonte dans sa voiture et quand il rentre chez lui, aux premières lueurs de l'aube, il est en paix avec lui-même. Pour beaucoup de familles, la voiture est aussi un lieu où se retrouver. À la maison, parents et enfants sont souvent dans des pièces différentes, occupés à des activités diverses, alors qu'en voiture ils discutent, chantent ou s'amusent ensemble.

Les différentes pièces de la maison ont aussi leur profil émotionnel particulier, du fait qu'elles correspondent à des types d'activités spécifiques, sans doute. Contrairement aux femmes, les hommes disent par exemple apprécier le sous-sol, lieu où ils vont pour se détendre ou bricoler, alors que les femmes y descendent surtout pour faire la lessive. La pièce où les femmes se sentent le mieux, c'est la salle de bains, où elles sont relativement à l'abri des sollicitations de la famille, et dans la cuisine où elles règnent en maîtres et s'impliquent dans les tâches culinaires. (Les hommes prennent plus de plaisir qu'elles à cuisiner, mais c'est certainement parce qu'ils le font dix fois moins souvent et au moment où ils en ont envie.)

Bien que l'influence de l'environnement sur l'état mental[7] ait souvent été évoquée, il existe très peu de données systématiques à ce sujet. Depuis des temps immémoriaux, artistes, savants et mystiques choisissent soigneusement des lieux favorisant la sérénité, l'inspiration. Traditionnellement, les moines bouddhistes s'installaient aux sources du Gange, les lettrés chinois écrivaient dans des pavillons bâtis dans des îles charmantes, les monastères chrétiens étaient construits sur des hauteurs, devant des paysages magnifiques. Aujourd'hui, en Amérique, les instituts de recherche, laboratoires et autres, sont généralement situés sur des collines verdoyantes, avec à l'horizon des canards évoluant sur de jolis étangs, quand ce n'est pas au bord de l'océan.

Si l'on en croit les témoignages de penseurs et d'artistes, un environnement agréable est souvent source d'inspiration. Comme l'écrivait Franz Liszt des bords du lac de Côme : « Je sens que les diverses beautés de la nature qui m'entoure [...] provoquent au plus profond de mon âme une émotion que je m'efforce de transcrire en musique. » Manfred Eigen, lauréat du prix Nobel de chimie en 1967, aurait eu ses intuitions les plus déterminantes pendant ses séjours dans les Alpes suisses où il invitait des collègues du monde entier à venir skier et parler de science. Quand on lit la biographie de physiciens comme Bohr, Heisenberg, Chandrasekhar et Bethe, on a l'impression que, s'ils n'avaient pas fait des balades en montagne et contemplé le ciel nocturne, la science n'aurait jamais progressé.

Pour introduire des changements créatifs dans son existence, il peut être utile d'innover, non seulement dans le domaine des activités et des relations, mais aussi par rapport à son cadre de vie. Sorties et vacances contribuent sans doute à éclaircir les idées, découvrir de nouvelles perspectives, considérer sa situation d'un œil neuf. Mais s'occuper de son intérieur ou de son bureau – jeter, redécorer, créer une ambiance plus personnelle et psychologiquement confortable – peut être la première étape d'une réorganisation de sa vie.

On entend souvent parler de l'importance des biorythmes et de l'humeur maussade des lundis matin comparée à celle du week-end[8]. En fait, c'est tous les jours que notre état intérieur varie, du matin au soir. Les émotions positives sont plus rares en début et en fin de journée, plus fréquentes à l'heure des repas et l'après-midi. Mais il se produit un changement d'humeur vraiment déterminant chez les enfants au moment où ils quittent l'école, chez les adultes quand ils rentrent à la maison, après le travail. Et tous les contenus de la conscience n'évoluent pas dans le même sens : quand ils sortent avec des amis le soir, les adolescents sont de plus en plus excités à mesure que le temps passe, mais ils se sentent aussi perdre progressivement le contrôle. À ces tendances générales, il faut ajouter des différences indivi-duelles : ceux qui sont « du matin » ne vivent pas la journée comme ceux qui sont « du soir ».

Même si certains jours de la semaine ont mauvaise réputation, il semble que dans l'ensemble les jours se suivent et se ressemblent. Certes, comme on peut s'y attendre, les vendredis après-midi et les samedis matin sont mieux vécus que les dimanches soir et les lundis matin, mais à un degré moindre que ce qu'on pourrait croire. Tout dépend de la façon de s'organiser. Le dimanche matin peut être assez déprimant quand on n'a rien à faire mais, si l'on projette une activité agréa-ble ou un rituel familial, comme aller à la messe, ce peut être le meilleur moment de la semaine.

Les enquêtes révèlent aussi un fait intéressant : les gens ont plus de symptômes physiques – maux de tête, douleurs dorsales – pendant les week-ends et dans les moments où ils ne travaillent pas. Même la souffrance des femmes atteintes de cancer est toléra-ble lorsqu'elles sont en compagnie ou plongées dans une activité, et s'accroît considérablement quand elles sont seules ou inoccupées. Cela tendrait à prouver que nous sommes plus sensibles à ce qui ne va pas dans notre corps quand notre énergie psychique n'est pas mobilisée par une tâche spécifique. Et cela correspond bien à ce que nous savons de l'expérience optimale : pendant une partie d'échecs serrée, les joueurs peuvent tenir des heures sans remarquer qu'ils ont faim ou mal à la tête ; pendant une compétition, les athlètes ne res-sentent ni douleur ni fatigue jusqu'à la fin de l'épreuve.

Lorsque l'attention est focalisée, petits maux ou douleurs légères n'ont aucune chance d'être enregistrés par la conscience.

Au même titre que les autres paramètres de l'existence, le temps doit être pris en compte, et il est important de savoir quels rythmes vous conviennent le mieux. Il n'existe pas de moment, de jour ou d'heure qui soit idéal pour tout le monde. Il vous faudra donc réfléchir ou faire des essais – vous lever plus tôt, faire une sieste l'après-midi, manger à une heure différente – pour optimiser le rythme de vos journées.

Jusqu'ici, nous avons raisonné comme si les individus étaient des objets passifs dont l'état intérieur serait affecté par ce qu'ils font, avec qui ils sont et ainsi de suite. Ce n'est pas faux mais, en dernière analyse, ce ne sont pas les conditions extérieures qui comptent le plus, c'est ce que nous en faisons. Il est parfaitement possible d'être heureux en passant l'aspirateur tout seul, d'être motivé quand on travaille, de se concentrer en parlant à un enfant. Autrement dit, la qualité de nos journées dépend moins de nos occupations que de la façon dont nous les vivons.

Néanmoins, avant de voir comment nous pouvons modifier directement la qualité de nos expériences vécues en élevant notre niveau de conscience, il est important de nous interroger sur l'influence que notre environnement quotidien – les lieux, les gens, les occupations et l'heure de la journée – exerce sur nous. Même le mystique le plus accompli préférera s'asseoir sous un certain arbre, manger ceci ou cela et converser avec tel compagnon plutôt qu'avec tel autre. Et nous sommes, pour la plupart, très sensibles aux situations dans lesquelles nous nous trouvons.

Donc, pour améliorer la qualité de notre vie, il faut commencer par prêter attention à ce que nous faisons chaque jour et à l'état intérieur que provoque chaque activité, chaque lieu, chaque moment de la journée ou chaque personne. Votre cas particulier va certainement recouper les tendances générales – vous serez plus heureux à l'heure des repas et plus souvent dans le flux pendant vos loisirs actifs – mais il se peut aussi que vous ayez des surprises. Vous pouvez découvrir que vous appréciez la solitude ; ou que vous aimez votre travail plus que vous ne pensiez ; ou que vous êtes plus content(e) après avoir lu un livre qu'après avoir regardé la télévision ; ou toute autre chose. Aucune loi ne nous oblige à vivre ou à ressentir comme tout le monde. Ce qui est vital, c'est de découvrir ce qui nous convient le mieux.

4

Les paradoxes du travail

Le travail occupe généralement un tiers de notre temps de vie. Le travail est une expérience étrange : il procure d'intenses moments de satisfaction, de fierté et d'affirmation de soi, et pourtant la plupart d'entre nous s'en passeraient volontiers. D'un côté, des enquêtes récentes montrent que 84 % des Américains et 77 % des Américaines continueraient à travailler[1] même s'ils faisaient un héritage qui les en dispenserait. D'un autre côté, lors de différentes études par la méthode ESM, lorsque le signal se déclenche pendant les heures de travail, les gens sont plus enclins à dire : « J'aimerais mieux être occupé à autre chose » qu'à aucun autre moment de la journée. Cette contradiction apparaît également dans un livre où deux éminents sociologues allemands, partant des mêmes données d'enquêtes, défendent des thèses opposées. L'un affirme, par exemple, que les travailleurs allemands n'aiment pas le travail et que plus ils le détestent, plus ils sont heureux. L'autre répond que les travailleurs n'aiment pas travailler parce qu'ils subissent l'influence idéologique des médias et que ceux qui aiment leur travail ont une existence plus riche.

Or les enquêtes permettent effectivement d'aboutir à ces deux conclusions.

Étant donné l'importance du travail en termes de temps passé et de ses conséquences sur notre conscience, il est essentiel, si l'on veut améliorer sa vie, de tenir compte de ses ambiguïtés. Pour commencer, voyons rapidement comment il a évolué au cours des âges[2] et comment les valeurs contradictoires qu'on lui a attribuées affectent encore nos façons de l'envisager et de le vivre.

Le travail tel que nous le connaissons est une évolution historique très récente. Il n'existait pas avant la grande révolution agricole qui a rendu possible l'agriculture intensive, il y a environ douze mille ans. Pendant les millions d'années qui ont précédé, chaque homme et chaque femme nourrissait sa propre famille. Mais personne ne travaillait *pour* quelqu'un d'autre ; le « travail » des chasseurs-cueilleurs était complètement intégré au reste de leur existence.

À l'époque de la Grèce et de la Rome antiques, les philosophes exprimaient la conception dominante en affirmant qu'il fallait à tout prix éviter de travailler. L'oisiveté était considérée comme une vertu. Pour Aristote, seul un homme dégagé de l'obligation du travail pouvait être heureux. Les philosophes romains professaient que « le travail salarié est sordide et indigne d'un homme libre […] l'artisanat est sordide, de même que la vente au détail ». L'idéal consistait à conquérir ou à acheter des terres et à engager une équipe de contremaîtres pour surveiller leur mise en culture par des esclaves ou des serfs. Dans la Rome impériale, environ 20 % des hommes n'étaient pas obligés de travailler. Vivant dans l'oisiveté, ils estimaient vivre le mieux possible. À l'époque de la République, cette idée se confirma : les hommes de la classe dirigeante s'offraient à remplir des devoirs militaires ou administratifs qui rendaient service à la communauté et leur permettaient de développer leur potentiel personnel. Mais après des siècles d'aisance, les classes oisives se retirèrent de la vie publique et passèrent leur temps libre à se vautrer dans le luxe et les plaisirs.

Le travail, pour la majorité des gens, commença à changer radicalement en Europe il y a cinq cents ans. Il fit un nouveau bond qualitatif il y a deux cents ans, et depuis il n'a pas cessé de changer à un rythme accéléré. Jusqu'au XIIIe siècle, l'énergie nécessaire au travail dépendait presque exclusivement de la force musculaire des animaux et des hommes. Seuls quelques mécanismes simples, comme les moulins à eau, contribuaient à alléger la tâche. Puis, progressivement, des moulins à vent équipés d'engrenages complexes se chargèrent de moudre le grain, de tirer l'eau, d'entretenir le feu permettant de forger les métaux. L'invention des moteurs à vapeur puis électriques compléta cette révolution dans la façon de transformer l'énergie et de gagner sa vie.

À cause de ces progrès technologiques, le travail cessa d'être considéré comme un simple effort physique, plus efficacement accompli par un bœuf ou par un cheval, pour se transformer en une activité qualifiée, une manifestation de l'ingéniosité et de la créativité humaines. Dès l'époque de Calvin, il était normal de prendre au sérieux la notion d'« éthique du travail ». Et cela permit à Karl Marx, au XIXe siècle, d'inverser la proposition des anciens en affirmant que seule l'activité productive permet à l'homme de développer son potentiel. Son idée n'était pas de contredire la position d'Aristote, mais il se trouvait qu'à son époque le travail semblait offrir plus de possibilités créatrices que l'oisiveté.

En Amérique, pendant les années de prospérité qui suivirent la Seconde Guerre mondiale, la plupart des emplois étaient sans doute ennuyeux et vides, mais dans l'ensemble ils offraient des conditions de vie décentes et une relative sécurité. On se mit à parler d'une ère nouvelle où le travail serait aboli, ou du moins réduit à des tâches de supervision susceptibles d'être accomplies en quelques heures par semaine. Cependant, il est vite devenu évident que cette idée relevait de l'utopie. Plus récemment, la mondialisation, qui a permis aux populations sous-payées d'Asie et d'Amérique du Sud d'entrer sur le marché du travail, confère à nouveau au travail une fâcheuse réputation. Aux États-Unis, le filet de sécurité sociale tendant de plus en plus à s'effilocher, les gens sont obligés de travailler dans des conditions arbitraires et sans garanties d'avenir. Si bien qu'aujourd'hui, au tournant du siècle, l'ambiguïté fondamentale du travail perdure dans nos consciences. Nous savons que c'est un des éléments les plus importants de notre vie, pourtant quand nous y sommes occupés, nous préférerions être ailleurs.

Comment développons-nous cette attitude contradictoire par rapport au travail ? Et comment les jeunes d'aujourd'hui acquièrent-ils les connaissances et la discipline requises pour effectuer un travail productif ? Ces questions sont loin d'être triviales. À chaque génération, le concept de travail devient de plus en plus vague, et les jeunes ont de plus en plus de mal à savoir vers quel type de profession se diriger et comment s'y préparer.

L'Histoire et certaines sociétés de chasseurs ou de pêcheurs en Alaska ou en Mélanésie nous permettent de voir comment cela se passait autrefois dans l'ensemble du monde : tout jeunes, les enfants participaient déjà aux travaux de leurs parents, et c'est sans transition qu'ils se retrouvaient un jour adultes et productifs. Dès l'âge de deux ans, le petit garçon inuit avait son arc et commençait à s'entraîner. À quatre ans, il était devenu assez habile pour chasser le ptarmigan, à six ans il tuait des lapins, puis il devenait capable de chasser des caribous et des phoques. Sa sœur apprenait de la même façon, en aidant les femmes de son clan à traiter les peaux, cuisiner, coudre et s'occuper des plus petits. Personne ne se demandait ce qu'il ferait quand il serait grand – il n'existait pas d'alternative et pas d'autre moyen d'accéder au statut d'adulte productif.

Avec la révolution agraire et la naissance des cités, il y a dix mille ans, des spécialisations commencèrent à apparaître, offrant une certaine latitude de choix aux jeunes gens. La plupart d'entre eux n'en continuaient pas moins à faire ce que faisaient leurs parents, c'est-à-dire, jusqu'à il y a une centaine d'années, exploiter une ferme. C'est au XVIᵉ et au XVIIᵉ siècle seulement qu'un grand nombre de jeunes ont commencé à quitter la campagne pour tenter leur chance en s'insérant dans l'économie proliférante des villes. Selon certaines estimations, 80 % des filles quittaient la ferme vers l'âge de douze ans, alors que les garçons partaient deux ans plus tard en moyenne. La plupart des emplois qui les attendaient à Paris ou à Londres étaient ce qu'on appelle maintenant des industries de services – femme de ménage, cocher, porteur, lavandière.

De nos jours, la situation est bien différente. Lors d'une étude récente, nous avons demandé à un échantillon représentatif de quelques milliers d'adolescents américains quel métier ils allaient exercer plus tard. Les résultats, présentés dans le tableau 3, montrent que dans l'ensemble, les adolescents ont l'espoir irréaliste d'accéder à des professions libérales : 15 % veulent être médecins ou avocats, ce qui est à peu près quinze fois supérieur à la proportion actuelle de médecins et d'avocats dans la population active, d'après le recensement de 1999. La plupart des deux cent quarante-quatre adolescents qui voudraient devenir athlètes seront déçus, eux aussi, puisqu'ils divisent leurs chances par cinq cents à peu près. Les enfants appartenant à des minorités plutôt pauvres envisagent des professions libérales dans la même proportion que les enfants de riches, alors que statistiquement le taux de chômage des jeunes Afro-Américains dans certaines villes avoisine les 50 %.

L'absence de réalisme concernant le choix d'une carrière est due, en partie, au fait que les professions évoluent rapidement, mais aussi au manque de modèles adultes et à l'ignorance d'un grand nombre de jeunes concernant les possibilités d'emplois. Contrairement à ce qu'on pourrait penser, les adolescents riches travaillent plus souvent pendant leurs années de lycée que les plus pauvres, même s'ils n'en ont pas besoin. Et ils sont plus fréquemment en contact avec des activités productives chez eux, dans leur quartier ou leur communauté. Les jeunes de quinze ans, issus de milieux stables et aisés, qui veulent devenir architectes ont souvent appris à dessiner en travaillant dans le cabinet d'architecture d'un parent, ont contribué au projet d'agrandissement de la maison d'un voisin, ou fait des stages dans une entreprise de bâtiment proche de chez eux – bien que ces occasions restent rares, dans l'ensemble. Dans un lycée d'un quartier défavorisé, le conseiller d'orientation professionnelle le plus apprécié était un surveillant qui aidait les garçons les plus débrouillards à entrer au service de gangs et dirigeait les jolies filles vers de prétendues carrières de mannequins.

Les résultats des tests ESM tendent à démontrer que les enfants intériorisent rapidement l'ambivalence des adultes par rapport au travail. À partir de dix ou onze ans, ils expriment déjà l'attitude qui caractérise la société dans son ensemble. Quand on leur demande de dire si ce qu'ils font ressemble à un « travail » ou à un « jeu » (« aux deux » ou « à aucun des deux ») les élèves de sixième répondent systématiquement qu'à l'école les cours sont du travail et les sports, du jeu. Notons aussi que lorsque ces préadolescents font quelque chose qu'ils qualifient de travail, ils disent en général que c'est important pour leur avenir, que cela demande beaucoup de concentration et qu'ils en retirent des satisfactions d'amour-propre. Ils se disent aussi moins heureux et moins motivés qu'à d'autres moments. Inversement, ils voient bien que les activités qu'ils qualifient de jeu ont moins d'importance, nécessitent peu de concentration, mais les rendent heureux et motivés. Autrement dit, la dichotomie entre le travail nécessaire mais peu agréable et le jeu agréable mais inutile est déjà bien établie chez les préadolescents. Et elle va s'intensifier avec les années.

Lorsque les mêmes enfants, devenus adolescents, font des petits boulots, ils disent vivre exactement les mêmes expériences sur leur lieu de travail. Aux

États-Unis, près de neuf adolescents sur dix travaillent à un moment ou à un autre de leur cursus secondaire, proportion beaucoup plus élevée que dans d'autres pays industrialisés comme l'Allemagne, la France ou le Japon, où les « petits boulots » sont moins nombreux et où les parents préfèrent voir leurs enfants passer le plus de temps possible à étudier au lieu de se disperser dans des activités sans rapport avec leur future carrière.

Dans notre étude, 57 % des élèves de troisième et 86 % des élèves de première ont déjà eu des emplois salariés, comme serveurs (serveuses) dans les fast-foods, employé(e)s de bureau, vendeurs (vendeuses) ou baby-sitters. Quand on les interroge sur leur travail, les adolescents sont généralement très fiers d'eux. Ils considèrent ce qu'ils font comme important et nécessitant beaucoup de concentration. Mais cela ne les amuse pas et ils se disent moins heureux que d'habitude (quoique plus heureux qu'à l'école). Autrement dit, l'ambivalence est déjà très nette dès leur premier emploi.

Mais il y a pire que le travail, pour les adolescents. Ce qu'ils aiment le moins, ce sont les activités qui ne ressemblent ni au travail ni au jeu, c'est-à-dire les travaux d'entretien, les loisirs passifs ou les mondanités. Ils trouvent ces activités inutiles, peu satisfaisantes, et se disent moins heureux et moins motivés que jamais quand ils s'y adonnent. Pourtant, les travaux d'entretien occupent en moyenne 35 % de leur temps. Certains adolescents, surtout ceux dont les parents sont peu éduqués, ont la sensation qu'ils y passent la moitié de leurs journées, ou plus. Et quand on passe toute son enfance à faire sans plaisir des choses que l'on considère comme dénuées d'importance, quelle valeur peut-on accorder à l'avenir ?

Tableau 3[3]
QUELLE PROFESSION VOUDRAIENT EXERCER LES ADOLESCENTS AMÉRICAINS ?

Les dix professions les plus souvent citées lors d'enquêtes réalisées auprès de 3 891 adolescents américains.

Professions	Classement	% de l'échantillon
Médecin	1	10
Homme ou femme d'affaires	2	7
Avocat(e)	3	7
Enseignant(e)	4	7
Athlète	5	6
Ingénieur(e)	6	5
Infirmier(ière)	7	4
Comptable	8	3
Psychologue	9	3
Architecte	10	3
Autre		45

Source : adapté de Bidwell, Csikszentmihalyi, Hedges et Schneider, 1997.

Les attitudes adoptées dès nos premières années continuent à influencer notre façon de vivre le travail jusqu'à la fin de nos jours. Quand ils travaillent, les gens mobilisent généralement toutes les ressources de leur esprit et de leur corps, si bien que ce qu'ils font leur semble important et leur donne des satisfactions.

Pourtant, ils sont moins motivés que chez eux et aussi moins heureux. En dépit d'énormes différences de salaire, de prestige et de liberté, les patrons se sentent à peine plus libres et plus créatifs que leurs employés, tandis que les bureaucrates et ouvriers à la chaîne sont à peine moins heureux et moins satisfaits que leurs patrons.

Cependant, les hommes et les femmes vivent leur travail salarié de façons très différentes. Traditionnellement, l'identité et l'amour-propre des hommes dépendent de leur aptitude à tirer de l'environnement l'énergie nécessaire pour eux-mêmes et pour leur famille. Que la satisfaction éprouvée par un homme à effectuer un travail nécessaire soit génétiquement programmée ou qu'elle soit entièrement acquise, on observe que, dans presque toutes les cultures, un homme incapable de subvenir aux besoins de sa famille est dans une certaine mesure un inadapté social. L'amour-propre des femmes, lui, est traditionnellement fondé sur leur capacité à créer un environnement physique et affectif favorable au développement des enfants et au bien-être des adultes. Malgré tous nos efforts pour nous en libérer, ces stéréotypes restent d'actualité. Les garçons veulent toujours devenir pompiers, policiers ou ingénieurs tandis que les filles rêvent d'être femmes d'intérieur, infirmières, institutrices – même si, maintenant, les filles se destinent à la médecine et au droit dans des proportions plus fortes que les garçons.

À cause du rôle différent que joue le travail salarié dans l'économie psychique des hommes et des femmes, les réactions des deux sexes devant le travail sont également différentes. Si l'on excepte le nombre relativement peu élevé de femmes qui s'identifient d'abord avec leur carrière, la plupart des femmes travaillant dans des bureaux, des activités de services et même à des postes de responsabilité considèrent généralement leur travail comme un choix, non comme une obligation. Il s'agit d'une décision volontaire, dans la plupart des cas, d'une activité plus proche du jeu en ce sens qu'elles peuvent s'y engager ou la quitter. Elles considèrent souvent ce qui se passe au travail comme peu important – et, paradoxalement, cela leur permet d'y prendre plus de plaisir. Même si les choses tournent mal et qu'elles soient licenciées, leur amour-propre n'en souffrira pas trop. Leur image d'elles-mêmes dépend davantage de ce qui se passe au sein de la famille. Un parent sans ressources, un enfant qui a des problèmes à l'école les inquiètent beaucoup plus que les aléas de la vie au bureau.

En conséquence, et aussi par comparaison avec les responsabilités qui leur incombent à la maison, les femmes vivent généralement leur travail salarié plus positivement que les hommes. Dans une étude ESM menée sur des couples bi-actifs, Reed Larson a par exemple trouvé que les femmes exprimaient des émotions plus positives que les hommes par rapport aux travaux de bureau ou sur ordinateur, à la vente, aux réunions, au télétravail, à la lecture de documents concernant leur métier, etc. La seule activité qu'elles appréciaient moins que les hommes était d'apporter du travail à faire à la maison, sans doute parce que cela s'ajoutait aux tâches domestiques.

Lorsqu'une femme est à la fois maîtresse de maison et employée à l'extérieur, il arrive que sa fierté en souffre. Dans une étude concernant les mères de jeunes enfants travaillant soit à temps complet soit à mi-temps, Ann Wells[4] a constaté que moins les femmes travaillaient à l'extérieur plus elles étaient fières d'elles-mêmes, alors que toutes préféraient leur emploi salarié à leurs tâches domestiques. Cela souligne le caractère ambigu de l'estime de soi. Il est possible que si les mères de famille travaillant à temps plein se déprécient, ce n'est pas parce qu'elles n'en font pas assez mais parce qu'elles voudraient être capables d'en faire plus.

Ces questions mettent en lumière le caractère arbitraire de la division entre le travail salarié et les tâches domestiques traditionnellement dévolues aux femmes pour le bien de leur famille. Comme l'ont souligné Elise Boulder et d'autres économistes sociaux, les travaux d'entretien et de maintenance ne sont peut-être pas productifs mais s'ils devaient être rétribués la facture nationale serait presque aussi élevée que notre PNB. Si s'occuper des enfants, soigner les malades, cuisiner, faire le ménage et tout le reste était payé au prix du marché, cela doublerait la masse salariale nationale et nous forcerait peut-être à adopter une économie plus humaine. En attendant, les tâches ménagères ont beau contribuer à la fierté d'une femme mariée, elles n'augmentent pas son bien-être. La cuisine, les courses, s'occuper des enfants et les accompagner ici ou là ne procurent aux mères que des satisfactions moyennes. Quant au reste, ménage, vaisselle, lessive, rangement et gestion de l'argent, c'est sans doute ce que les femmes détestent le plus.

Le travail a de graves inconvénients, mais ne pas en avoir est encore pire. L'oisiveté tant vantée par les philosophes de l'Antiquité était le privilège de propriétaires terriens possédant quantité d'esclaves et de serfs. Quand elle est imposée à quelqu'un qui ne possède rien, cette même oisiveté produit une perte de dignité et une apathie généralisée. Comme l'a montré John Hayworth[5], psychologue à l'université de Manchester, les jeunes chômeurs, même correctement indemnisés, ont beaucoup de mal à se trouver des motifs de satisfaction. À partir de différentes études concernant seize nations et cent soixante-dix mille travailleurs, Ronald Ingelhart a établi que 83 % des employés de bureau, 77 % des travailleurs manuels, mais seulement 61 % des chômeurs disaient être satisfaits de leur existence. L'affirmation de la Bible selon laquelle l'homme a été créé pour profiter de tout ce que la terre pouvait lui offrir sans qu'il ait besoin de travailler ne semble pas correspondre à la réalité. Sans la tension vers un but et les défis que propose généralement une profession, seule une autodiscipline stricte peut maintenir une concentration psychique suffisante pour que la vie conserve sa valeur et son sens.

Les résultats de nos études par la méthode ESM, montrant que les expériences optimales vécues par les adultes se produisent plus fréquemment au travail que pendant les loisirs, nous ont tout d'abord surpris. Les gens disaient en effet que leurs plus grands défis, ceux qui requéraient le maximum d'aptitudes et de concentration, et qui leur donnaient un sentiment de créativité et de satisfaction, étaient plus souvent vécus au travail qu'à la maison. À la réflexion, cette découverte n'a rien de tellement surprenant. Le travail, bien qu'on s'en rende rarement compte, ressemble plus à un jeu que toutes les autres activités de la journée. Il s'assortit généralement d'un but et de règles claires. Il provoque une rétroaction immédiate, la satisfaction du devoir accompli, soit par la réussite pratique d'une vente, par exemple, soit par les compliments de notre supérieur hiérarchique. Le travail favorise également la concentration et limite la distraction ; il donne un sentiment de contrôle et sa difficulté est en rapport, idéalement du moins, avec le savoir-faire de celui qui l'accomplit. Sa structure est donc comparable à celle d'autres activités valorisantes, productrices de flux, comme le jeu, le sport, la musique et l'art. Le reste de l'existence n'offre pas les mêmes opportunités. Quand ils sont chez eux, en famille ou seuls, les gens n'ont bien souvent pas de but bien défini, ils ignorent s'ils font bien ou mal ce qu'ils font, ils sont distraits et ont le sentiment que leurs aptitudes sont sous-employées. Par conséquent, ils s'ennuient ou – plus rarement – se sentent angoissés.

On comprend donc que le travail soit généralement une expérience plus positive qu'on ne pourrait le croire. Il n'empêche que, si nous en avions la possibilité, nous aimerions travailler moins. Pourquoi ? Il semble y avoir deux raisons principales à cet état de fait. La première concerne les conditions objectives du travail. Il est vrai que, depuis des temps immémoriaux, les patrons ne se préoccupent guère du bien-être de leurs employés. Il faut des ressources intérieures réellement extraordinaires pour vivre une expérience optimale en maniant la pioche à cent pieds sous terre dans une mine sud-africaine ou en coupant la canne à sucre dans la fournaise d'une plantation. Même à notre époque éclairée qui insiste tellement sur les « ressources humaines », la direction ne s'intéresse pas souvent aux conditions de travail des ouvriers. Comment s'étonner, dès lors, que les individus n'espèrent pas tirer de leur profession d'intenses satisfactions et qu'ils attendent d'être sortis de l'usine ou du bureau pour commencer à vivre réellement, même s'ils n'y arrivent pas toujours ?

La seconde raison, complémentaire de la première, se fonde moins sur une réalité contemporaine que sur la mauvaise réputation du travail, véhiculée par la culture et intégrée dès l'enfance par chacun d'entre nous. Certes, et c'est incontestable, les ouvriers qui travaillaient en usine pendant la révolution industrielle étaient soumis à des conditions inhumaines. Ils avaient si peu de temps libre qu'ils le considéraient comme leur bien le plus précieux, et s'imaginaient que, s'ils en avaient plus, ils seraient nécessairement plus heureux. Les syndicats menèrent un combat héroïque pour que la semaine de travail soit écourtée, et leur réussite est l'une des plus belles victoires de l'humanité. Malheureusement, si le temps libre est une condition nécessaire au bonheur, il ne suffit pas à le garantir. Apprendre à tirer profit de sa liberté est plus difficile que prévu. En outre, comme dans bien d'autres domaines, ce qui, en petite quantité, enrichit la vie peut, à plus forte dose, l'appauvrir. C'est pourquoi, vers le milieu du XXe siècle, psychiatres et sociologues ont attiré l'attention sur le fait qu'une surabondance de temps libre risquait de provoquer un désastre social.

Pour ces deux raisons – conditions de travail objectives et attitude subjective acquise – il est souvent difficile d'admettre, même en son for intérieur, que faire son travail puisse être un plaisir. Pourtant, même le métier le plus quelconque, quand on l'envisage sans trop de préjugés et avec la ferme intention d'en retirer des satisfactions personnelles, peut améliorer la qualité de la vie au lieu de l'amoindrir.

Bien entendu, les bénéfices que procure le travail sont plus évidents lorsqu'il s'agit de professions où l'on est libre de choisir ses objectifs et de déterminer la difficulté de la tâche à accomplir. À l'instar de nos ancêtres chasseurs, les artistes, entrepreneurs, hommes d'État et scientifiques d'aujourd'hui ont tendance à vivre leur activité professionnelle comme complètement intégrée au reste de leur existence. Au cours d'une centaine d'entretiens avec des prix Nobel et autres personnalités dominantes dans différents domaines, ce que j'ai entendu le plus souvent peut se résumer ainsi : « Je pourrais dire que chaque minute de mon existence a été consacrée au travail, mais je pourrais dire aussi, avec la même équité, que pas un seul jour de ma vie je n'ai travaillé. » L'historien John Hope Franklin, par exemple, exprime la même idée : « Comme tout le monde, je suis capable de me réjouir d'arriver au vendredi, parce que pour moi cela veut dire que je vais pouvoir travailler pendant deux jours sans être interrompu. »

Pour ce type de personnes, le flux est inséparable de l'activité professionnelle. Même si les recherches qu'elles mènent, à la limite des connaissances avérées, s'accompagnent de grandes difficultés et de tourments intérieurs, leur vie est illuminée par la joie d'ouvrir de nouveaux territoires à l'intelligence, et cela bien au-delà de l'âge habituel. Voici comment l'inventeur Jacob Rabinow, âgé de quatre-vingt-deux ans et qui a plus de deux cents brevets à son actif, décrit son activité : « Il faut avoir envie de développer les idées auxquelles on s'intéresse [...]. Les gens comme moi adorent ça. C'est amusant de trouver une idée, et si personne n'en veut, je m'en fiche. Je prends simplement plaisir à découvrir quelque chose de neuf et de différent » ; et Linus Pauling, deux fois lauréat du prix Nobel, interrogé alors qu'il avait quatre-vingt-huit ans :

« Je ne crois pas m'être assis un jour en me demandant ce que j'allais faire de ma vie. Je me suis contenté de continuer à faire ce que j'aimais. » L'éminent psychologue Donald Campbell conseille aux jeunes diplômés : « Ne faites pas de sciences si c'est l'argent qui vous intéresse. Ne faites pas de sciences si vous n'y trouvez pas votre plaisir indépendamment de la renommée. Acceptez la célébrité avec reconnaissance si elle vient, mais c'est d'abord le travail en lui-même qui doit vous plaire. » Et Mark Strand, ancien lauréat d'un prix national de poésie, décrit très précisément le flux quand il parle de l'écriture : « Vous êtes plongé dans votre travail, vous perdez la notion du temps, vous êtes complètement pris par ce que vous faites, captivé […] quand vous commencez quelque chose et que tout se passe bien, vous avez l'impression qu'il n'y a pas d'autre manière de dire ce que vous dites. »

Certes, ces personnalités ont eu la chance d'atteindre au sommet de professions prestigieuses, mais on pourrait aussi trouver parmi les gens riches et célèbres un grand nombre de personnes qui détestent leur travail. Inversement, on pourrait trouver des hommes d'affaires, des plombiers, des fermiers et même des ouvriers à la chaîne qui adorent leur métier et en parlent en termes lyriques. Ce ne sont pas les conditions extérieures qui déterminent l'impact du travail sur la qualité de la vie, c'est la façon dont on travaille et le bénéfice que l'on est capable de tirer de la confrontation avec les obstacles liés à chaque profession.

Si satisfaisant qu'il soit, le travail ne peut pas, à lui seul, remplir une vie. La plupart des personnes créatives que nous avons interrogées disaient que leur famille comptait plus que leur carrière – même si leur comportement démentait souvent cette affirmation. Elles vivaient généralement une relation de couple stable et enrichissante. Quand on leur demandait ce qu'elles avaient le mieux réussi dans leur vie, elles répondaient fréquemment, comme le physicien Freeman Dyson : « Je dirai que c'est d'avoir élevé six gosses et d'en avoir fait, apparemment, des gens bien. C'est de cela que je suis le plus fier. Vraiment. » John Reed, président de Citicorp, a déclaré que son meilleur investissement avait été de prendre une année sabbatique pour s'occuper de ses enfants : « Élever des gosses est beaucoup plus gratifiant que gagner de l'argent pour une entreprise, en termes de satisfaction personnelle. » Et, dans la plupart des cas, ces personnes profitent du temps qui leur reste pour pratiquer des activités aussi intéressantes que jouer dans un orchestre de chambre, collectionner de vieilles cartes marines, cuisiner ou écrire des livres de cuisine, enseigner bénévolement dans des pays sous-développés.

Aimer son travail au point de s'y impliquer fortement ne veut donc pas nécessairement dire en devenir l'esclave. L'esclave du travail renonce à toute autre forme d'activité et de responsabilité. L'esclave du travail court le risque de ne plus voir que les buts afférents à son métier, de n'apprendre que ce qui peut lui être utile pour sa carrière. Il est incapable de vivre l'expérience optimale dans aucune autre forme d'activité. Il laisse passer maintes occasions de rendre sa vie plus belle et se retrouve souvent très malheureux quand, après une existence tout entière vouée à son métier, il n'a plus rien à faire. Fort heureusement, nombreux sont les hommes et les femmes qui, tout en se consacrant sincèrement à leur travail, vivent pleinement toutes les facettes de leur existence.

5

Bienfaits et risques des loisirs

Il semble un peu ridicule d'affirmer que le temps libre constitue un problème parce que nous n'avons pas appris à l'employer intelligemment. C'est pourtant une inquiétude fréquemment exprimée depuis le milieu du XXe siècle. En 1958, le Group for Advancement in Psychiatry terminait son rapport annuel par cette conclusion : « Pour beaucoup d'Américains, le temps libre représente un danger[1]. » D'autres ont affirmé que la réussite de l'Amérique en tant que civilisation dépendrait de la façon dont ses habitants utiliseraient leurs loisirs. Qu'est-ce qui peut bien justifier de telles mises en garde ? Avant de répondre à cette question, commençons par étudier la façon dont le temps libre affecte l'individu. Les conséquences historiques étant, dans ce cas, la somme des expériences individuelles, il est utile de se pencher sur ces dernières.

Pour diverses raisons évoquées précédemment, nous en sommes arrivés à dire que le temps libre était l'une des aspirations les plus fortement ancrées dans l'homme. Le travail apparaît comme un mal nécessaire, et l'absence de toute activité comme la voie royale vers le bonheur. On pense généralement que profiter de son temps libre ne nécessite aucun savoir-faire, que tout le monde en est capable. Or les faits prouvent le contraire : il est plus difficile de bien profiter de ses loisirs que de son travail. En soi, le temps libre ne rend pas la vie plus belle, à moins que l'on ne sache en tirer parti, et cela ne s'apprend pas tout seul.

À la fin du XIXᵉ siècle, le psychanalyste hongrois Sándor Ferenczi remarquait déjà que le dimanche ses patients avaient des crises d'hystérie et de dépression plus nombreuses que les autres jours de la semaine ; il a appelé ce syndrome « névrose dominicale[2] ». Depuis, on a constaté que les troubles mentaux se manifestent plus fréquemment pendant les vacances et les jours fériés. La retraite, pour ceux qui se sont fortement identifiés à leur travail, annonce souvent une période de dépression chronique. Nos propres recherches, avec la méthode ESM, nous ont permis de constater que même la santé physique s'améliore dès que la personne est tendue vers un but. Pendant les week-ends, la solitude et le désœuvrement révèlent plus de symptômes qu'à l'ordinaire.

Tous ces éléments tendent à prouver que l'individu moyen est mal équipé pour l'oisiveté. Sans but, sans la présence de ses semblables, il perd motivation et concentration. Son esprit s'évade et, la plupart du temps, il finit par ruminer des problèmes insolubles, facteurs d'anxiété. Afin d'éviter d'en arriver là, la plupart des gens recourent à des stimulations qui limitent l'entropie psychique. Sans en être nécessairement conscients, ils recherchent tout ce qui est susceptible de faire barrage à l'anxiété : regarder la télévision, lire des romans policiers ou à l'eau de rose, s'adonner au jeu, multiplier les rencontres sexuelles, se saouler ou se droguer. Ce type de stratégies, qui apaise rapidement le chaos de la conscience, ne laisse la plupart du temps qu'un vague sentiment d'insatisfaction.

De toute évidence, l'évolution de notre système nerveux l'a rendu capable de répondre aux signaux extérieurs, mais n'est pas allée jusqu'à l'adapter à de longs intervalles de temps dénués d'obstacles ou de dangers. Au cours de l'Histoire, peu de gens ont appris à structurer leur énergie psychique par eux-mêmes, de l'intérieur. Dans ces bienheureuses sociétés où les hommes avaient beaucoup de temps libre, des pratiques culturelles élaborées étaient mises en place pour occuper l'esprit. Cycles complexes de rituels, cérémonies, danse et tournois pouvaient durer plusieurs jours ou plusieurs semaines – les Jeux olympiques, notamment, qui commencèrent à l'aube de notre Histoire. Et si tous les villages n'offraient pas des activités religieuses ou artistiques, ils permettaient au moins de se livrer à de longues et joyeuses palabres ; assis sous le plus bel arbre de la place du village, les hommes qui n'avaient rien d'autre à faire fumaient la pipe, mâchonnaient des feuilles ou des fruits légèrement hallucinogènes tout en discutant de sujets divers. C'est encore ce qui se passe en Europe dans les cafés des pays méditerranéens et les brasseries des régions nordiques.

Ces méthodes permettent effectivement de limiter le chaos dans la conscience, mais jusqu'à un certain point seulement, et elles contribuent rarement à améliorer la qualité de l'expérience vécue. Comme nous l'avons vu plus haut, les êtres humains se sentent mieux lorsqu'ils s'appliquent à relever un défi, résoudre un problème ou découvrir quelque chose de nouveau. La plupart des activités qui produisent le flux se définissent par un but clair, des règles précises et une rétroaction immédiate – données extérieures qui concentrent l'attention et font appel au savoir-faire. Or, dans le domaine des loisirs, ces conditions sont précisément celles qui manquent le plus souvent. Certes, les gens qui s'adonnent à un sport, à une activité artistique ou à un violon d'Ingres y retrouvent les éléments indispensables au flux. Mais la simple situation de liberté, quand rien de particulier ne sollicite l'attention, provoque le contraire de l'expérience optimale : l'entropie psychique qui procure un sentiment d'indifférence et d'apathie.

Toutes les activités de loisirs ne se ressemblent pas. On peut déjà établir une différence entre les loisirs actifs et les loisirs passifs, dont les effets psychologiques ne sont pas les mêmes. Les adolescents américains, par exemple, ont des expériences-flux (définies comme des défis importants requérant un savoir-faire maximal) environ 13 % du temps où ils regardent la télévision, 34 % du temps où ils font quelque chose qu'ils aiment et 44 % du temps où ils jouent ou font du sport (voir tableau 4). Cela suggère que les violons d'Ingres ont deux fois et demie plus de chances de provoquer un état de plaisir intense que la télévision, les jeux et les sports à peu près trois fois plus. Pourtant, ces mêmes adolescents passent au moins quatre fois plus de temps à regarder la télévision qu'à se livrer à leur activité favorite. Et la proportion est la même chez les adultes. Pourquoi passons-nous quatre fois plus de temps à faire quelque chose qui a deux fois moins de chances de nous donner du plaisir ?

Quand nous posons la question aux participants à nos études, une explication cohérente commence à se dessiner. L'adolescent type admet qu'il est plus heureux en faisant de la bicyclette, une partie de basketball ou en jouant du piano qu'en traînant avec ses copains ou en regardant la télévision. Mais organiser une partie de basket demande du temps – il faut se changer, réunir l'équipe. Avant d'éprouver du plaisir en jouant du piano, il faut faire au moins une demi-heure d'exercices ennuyeux. Autrement dit, chacune des activités productrices de flux nécessite un investissement de départ avant d'être gratifiante. Il faut commencer par « s'échauffer » avant de goûter au plaisir d'une activité complexe. Quand on se sent trop fatigué, anxieux ou paresseux pour franchir l'obstacle préliminaire, il faut se contenter d'activités moins agréables mais plus accessibles.

Tableau 4
L'EXPÉRIENCE OPTIMALE
ET LES LOISIRS

Pourcentage du temps où une activité de loisir provoque le flux, la relaxation, l'apathie et l'anxiété. Ces chiffres proviennent d'une étude réalisée auprès de 824 adolescents américains et totalisant environ 27 000 réponses. Chaque terme est défini comme suit : flux : défi important, excellent savoir-faire ; relaxation : défi peu important, savoir-faire minimal ; apathie : défi peu important, savoir-faire minimal ; anxiété : défi important, savoir-faire minimal.

	Flux	Relaxation	Apathie	Anxiété
Jeux et sports	44	16	16	24
Violons d'Ingres	34	30	18	19
Être avec des amis	20	39	30	12
Réfléchir	19	31	35	15
Écouter de la musique	15	43	35	7
Regarder la télévision	13	43	38	6

Source : Bidwell, Csikszentmihalyi, Hedges et Schneider, 1997.

C'est là qu'interviennent les activités de loisirs passifs. Traîner avec des copains, lire un livre facile ou allumer un téléviseur n'implique pas une dépense d'énergie préalable importante et n'exige ni savoir-faire ni concentration. C'est pourquoi la consommation de loisirs passifs devient trop souvent l'option principale des adolescents, mais également des adultes.

On peut voir dans le tableau 4 une comparaison entre les différentes activités de loisirs d'un échantillon d'adolescents américains et la fréquence à laquelle ces activités permettent l'expérience optimale. Il apparaît que les loisirs actifs ou sociaux – sports et jeux, violons d'Ingres, fréquentation des amis – procurent plus d'expériences-flux que les activités solitaires et moins structurées – réfléchir, écouter de la musique, regarder la télévision. On constate également que les activités productrices de flux, plus difficiles, plus exigeantes, déclenchent parfois l'anxiété, alors que les trois activités passives la provoquent rarement ; elles contribuent au contraire à un état de relaxation et d'apathie. En consacrant son temps libre à des loisirs passifs, on n'éprouvera pas de grandes satisfactions, mais on évitera aussi de trop s'impliquer. C'est apparemment la solution qui plaît au plus grand nombre.

Je ne prétends pas que la relaxation soit mauvaise en soi. Tout le monde a besoin de se détendre, de lire n'importe quoi, de rester vautré sur un canapé les yeux dans le vide ou fixés sur un écran de télévision. Comme pour tous les autres aspects de l'existence, c'est une question de dosage. Les loisirs passifs ne posent problème que s'ils constituent la principale – ou l'unique – forme de loisir. Car avec le temps, ils finissent par avoir des conséquences décisives sur la qualité de la vie dans son ensemble. Les gens qui passent leur temps libre à jouer de l'argent, par exemple, peuvent se retrouver prisonniers d'une habitude qui interfère avec leur métier, leur famille et finalement leur propre bien-être. Ceux qui regardent la télévision plus souvent que la moyenne ont aussi tendance à avoir des métiers moins intéressants et des relations médiocres. Une vaste étude réalisée en Allemagne a montré que plus les individus lisaient des livres, plus ils avaient d'expériences-flux, alors que ceux qui regardaient la télévision disaient le contraire.

De telles corrélations n'impliquent pas, bien sûr, que l'habitude des loisirs passifs détermine la médiocrité de l'emploi, des relations, etc. Il est plus probable que le lien causal soit inverse : les solitaires exerçant des métiers sans intérêt consacrent volontiers leur temps libre à des loisirs passifs. Ou bien : ceux qui ne trouvent pas à vivre d'expérience optimale se tournent vers des activités faciles. Mais, dans la vie, la causalité est généralement circulaire : ce qui a commencé par être un effet devient finalement une cause. Un parent abusif peut obliger son enfant à adopter un système de défense fondé sur l'agressivité réprimée ; lorsque l'enfant a grandi, c'est ce style de défense qui risque de l'inciter à devenir lui-même un parent abusif. De la même façon, l'habitude des loisirs passifs n'est pas simplement l'effet de problèmes préalables mais devient à son tour une cause qui coupe l'individu des choix qu'il aurait pu faire pour améliorer sa vie.

L'expression « du pain et des jeux » résume fort bien la manière dont l'Empire romain a su calmer sa population pendant les longs siècles de son déclin. En fournissant à ses sujets assez de nourriture pour satisfaire leur corps et suffisamment de spectacles pour distraire leur esprit, la classe dirigeante a réussi à contenir l'agitation sociale. Même si cette politique n'a pas été adoptée consciemment, il semble que son application fut un succès. Ce n'était ni la première ni la dernière fois que la consommation de loisirs empêchait l'éclatement d'une communauté. Dans *Les Guerres médiques*, le Grec Hérodote, premier historien de l'Occident, décrit comment Atys, roi de Lydie, introduisit les jeux de ballon, il y a environ trois mille ans, pour distraire ses sujets après une série de mauvaises récoltes qui provoquait des remous dans la population affamée. « Le plan adopté contre la famine fut de s'adonner aux jeux une journée entière de façon à ne pas ressentir trop violemment le désir de nourriture, écrit-il, et de manger le lendemain en s'abstenant de jouer. Ils passèrent ainsi dix-huit années. »

Une tactique similaire fut adoptée à Constantinople pendant le déclin de l'Empire byzantin. Pour satisfaire la population, des courses de chars étaient organisées dans la cité. Les meilleurs auriges devenaient riches et célèbres, et ils étaient automatiquement élus membres du Sénat. En Amérique centrale, avant la conquête espagnole, les Mayas organisaient des jeux de balle comparables au basket-ball qui occupaient les spectateurs pendant plusieurs semaines d'affilée. De nos jours, les minorités privées de droits électoraux dépendent du sport et des jeux pour grimper dans l'échelle sociale. Le basket, la boxe et la musique populaire absorbent leur surplus d'énergie psychique tout en leur promettant richesse et célébrité. Selon la perspective adoptée, cela peut être interprété de deux façons opposées. On peut voir dans ces exemples les loisirs utilisés comme un « opium du peuple », pour reprendre les termes de Karl Marx à propos de la religion ; on peut aussi les considérer comme des réponses inventives à des situations dangereuses auxquelles aucune autre solution ne pouvait être apportée.

Les exemples historiques montrent donc qu'une société commence à dépendre fortement des loisirs – notamment les loisirs passifs – lorsqu'elle est devenue incapable d'offrir à ses membres des occupations productives signifiantes. Donner « du pain et des jeux » est donc un dernier recours pour retarder momentanément la dissolution du corps social[4]. Des exemples contemporains permettent de mieux apprécier ce qui se produit en pareil cas. En Amérique du Nord, nombreuses sont les populations indigènes qui ont perdu la possibilité de vivre le flux grâce à leur travail ou à leur vie communautaire, et qui cherchent à le retrouver dans des activités de loisirs contrefaisant leur style de vie ancien. Autrefois le plus grand plaisir des jeunes Navajos était de suivre leurs troupeaux à cheval dans les terres arides du Sud-Ouest, ou de participer à de longues cérémonies mêlant le chant et la danse. Maintenant que ces modes de vie ont perdu de leur pertinence, ils s'efforcent de retrouver le flux en buvant de l'alcool avant de se lancer sur les routes du désert dans des voitures au moteur gonflé. Le nombre de victimes qui en résulte n'est peut-être pas supérieur à celui des guerriers d'autrefois morts au combat, mais il semble gratuit.

Les Inuits se trouvent dans une phase de transition comparable. Les jeunes gens qui ne connaissent plus l'exaltation de la chasse au phoque ou à l'ours se tournent vers l'automobile pour échapper à l'ennui et donner un sens à leur vie. Il semble que certaines communautés inuit complètement isolées par l'absence de routes en aient construit des kilomètres dans le seul but d'y organiser des courses de traîneaux. En Arabie Saoudite, les descendants blasés des magnats du pétrole, trouvant les courses de dromadaires démodées, tentent de réveiller leurs instincts en lançant des Cadillac flambant neuves en plein désert ou sur les trottoirs de Riyad. Lorsque les activités productives deviennent trop routinières et dénuées de sens, ce sont les loisirs qui prennent la relève. Progressivement ils vont occuper de plus en plus de place et dépendre de stimulations artificielles de plus en plus élaborées.

Certaines personnes, confrontées à la stérilité de leur métier, délaissent complètement des responsabilités productives pour s'adonner à une vie de loisirs et de flux[5]. Cela ne nécessite pas forcément beaucoup d'argent. Des ingénieurs confirmés, par exemple, quittent leur poste et font la plonge dans un restaurant tout l'hiver pour pouvoir se livrer à leur sport favori pendant l'été. Sur certaines plages, des colonies de surfeurs ont choisi de vivre au jour le jour pour pouvoir s'offrir autant d'expériences optimales que possible sur leur planche.

Un sociologue australien, Jim Macbeth, a interrogé des dizaines de marins ayant passé des années à naviguer autour des îles du Pacifique. Certains d'entre eux ne possèdent rien d'autre que leur bateau, dans lequel ils ont englouti toutes leurs économies. Quand ils sont à court d'argent, ils s'arrêtent dans un port et font toutes sortes de petits boulots jusqu'au moment où ils ont les moyens de repartir. « J'ai pu me dégager de mes responsabilités, rejeter une vie routinière, me lancer dans l'aventure. Il fallait que je fasse autre chose que végéter », dit l'un de ces modernes argonautes. « J'ai eu la chance de pouvoir faire quelque chose de vraiment grand dans ma vie ; grand et inoubliable », dit un autre. Et un autre encore : « La civilisation moderne a inventé la radio, la télé, les boîtes de nuit et toutes sortes de distractions artificielles pour titiller nos sens et nous aider à échapper à la banalité apparente de la terre, du soleil, du vent et des étoiles. Naviguer, c'est redécouvrir ces réalités anciennes. »

Certains individus n'abandonnent pas complètement leur métier, mais choisissent de mettre leurs loisirs au centre de leur vie. Un mordu de l'escalade décrit la sévère discipline qu'il s'impose comme un enseignement pour le reste de sa vie : « Si vous gagnez suffisamment de ces victoires, victoires sur vous-même [...] vous remportez plus facilement d'autres succès, dans le monde. » Et un ancien homme d'affaires devenu charpentier témoigne : « J'aurais pu gagner énormément d'argent dans le monde des affaires, mais un jour je me suis rendu compte que cela ne me plaisait pas. Je ne vivais rien de ce qui donne du prix à l'existence. J'ai vu que je confondais mes priorités, que je passais l'essentiel de mon temps au bureau [...]. Et les années passaient. Maintenant, je suis heureux d'être charpentier. Je vis dans un paysage tranquille et beau, et je fais de l'escalade presque tous les soirs. Je pense qu'en étant détendu et disponible j'apporte plus à ma femme et à mes enfants qu'en leur offrant des choses matérielles que je ne peux d'ailleurs plus leur offrir. »

Devenir charpentier après avoir brassé des affaires, voilà un exemple de ce que certains êtres sont capables de faire pour améliorer leur vie. Ils cherchent et trouvent une occupation productive qui va également leur permettre de multiplier les expériences-flux. Ils ont constaté qu'en devenant l'esclave de leur travail ou en se réfugiant dans les loisirs à temps complet, ils allaient passer à côté de trop de choses. Et pourtant, la plupart d'entre nous se contentent de partager leur temps entre un métier ennuyeux et des distractions répétitives. Une étude réalisée dans un village des Alpes par Antonelle Delle Fave et Fausto Massimi de l'université de Milan montre bien comment le flux peut passer du travail aux loisirs. Les quarante-six personnes interrogées appartiennent à la même famille et vivent dans un village de montagne isolé, nommé Pont Trentaz, dont les habitants ont des voitures et la télévision mais continuent à exercer leurs occupations traditionnelles : élevage de moutons, production de fruits, travail du bois. Les auteurs de l'étude ont demandé à trois générations de villageois de décrire quand et comment ils vivent l'expérience optimale (voir figure 2).

C'est la génération des grands-parents qui fait état du plus grand nombre d'expériences optimales, et celles-ci se produisent en grande majorité pendant leurs travaux : taillage de haies, réparation de granges, fabrication du pain, traite des vaches, travaux de jardinage. La génération des parents – âgés de quarante à soixante ans – vit autant d'expériences optimales pendant le travail que pendant les loisirs : séances de cinéma, vacances, lecture ou ski. Pour la plus jeune génération, le schéma de la plus âgée s'inverse : les enfants ont moins d'expériences optimales, mais celles-ci se produisent surtout pendant leurs loisirs, qui consistent essentiellement à danser, faire des courses de moto, regarder la télévision. (La figure 2 ne montre pas le nombre d'expériences-flux rapporté par chaque génération mais uniquement le pourcentage de ces expériences pendant le travail et les loisirs.)

Figure 2

Distribution des activités produisant le flux dans une famille de trois générations (N = 46) de Pont Trentaz, vallée de Gressoney, Italie.

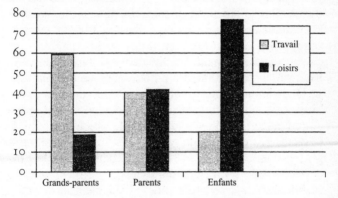

Source : adapté de Delle Fave et Massimi, 1988.

Toutes les différences générationnelles présentées dans cette étude ne sont pas dues à des changements sociaux. Certaines correspondent au schéma habituel de développement de chaque génération : les jeunes ont toujours besoin de stimulations artificielles et risquées pour s'amuser. Mais il n'est pas douteux que ces différences, normales, soient aggravées dans des communautés en phase de transition économique et sociale. Les générations les plus âgées trouvent toujours dans les activités productives traditionnelles des défis intéressants à relever, alors que leurs enfants et petits-enfants, délaissant de plus en plus des tâches qu'ils trouvent ennuyeuses et sans intérêt, s'en remettent aux distractions pour échapper à l'entropie psychique.

Aux États-Unis, des communautés traditionnelles comme les amish et autres mennonites ont réussi à empêcher le travail et le flux de diverger. Dans leur vie routinière d'agriculteurs, il est difficile de savoir quand finit le labeur et quand commencent les loisirs. La plupart de leurs activités « libres », tissage, menuiserie, chant ou lecture, sont utiles et productives, que ce soit matériellement, socialement ou spirituellement. Bien sûr, cette réussite n'a pu être obtenue que par une sorte de momification sociale – l'arrêt du processus historique à un certain niveau de développement technologique et spirituel – qui semble aujourd'hui bien désuète. Est-ce la seule manière de préserver l'intégrité d'une existence heureuse et productive ? Ou est-il possible de réinventer un style de vie qui préserve ces qualités au sein d'un développement historique continu ?

Pour profiter au mieux de son temps libre, il faut y consacrer autant d'ingéniosité et d'attention qu'à son travail. Les loisirs qui aident l'individu à se développer ne vont pas de soi. Autrefois, les gens occupaient leur temps libre en créant et en faisant des expériences. De fait, avant que les sciences et les arts ne deviennent des activités professionnelles, l'essentiel de la recherche scientifique, de la poésie, de la peinture et de la musique se faisait pendant les loisirs. Gregor Mendel a réalisé ses célèbres expériences sur la génétique à ses heures perdues ; Benjamin Franklin était guidé par la passion, non par une quelconque nécessité professionnelle, quand il polissait des lentilles et étudiait les phénomènes électriques ; et c'est pour structurer sa propre vie qu'Emily Dickinson a écrit ses magnifiques poèmes. De nos jours, seuls les experts sont censés s'intéresser à ces activités ; on décourage les amateurs de s'aventurer dans des domaines qui sont désormais réservés aux spécialistes. Mais les amateurs, ceux qui aiment les choses qu'ils font, rendent leur vie, et celle des autres, plus belle et plus intéressante.

Il n'est pas nécessaire d'avoir une personnalité extraordinaire pour occuper son temps libre de façon créative. Tous les arts et artisanats traditionnels – chansons, tissage, poterie, sculpture, qui confèrent à chaque culture sa valeur et son cachet propre – sont nés grâce à la volonté de gens ordinaires d'exprimer leur savoir-faire pendant les heures qui n'étaient pas consacrées au labeur. On a du mal à imaginer ce que serait notre monde si nos ancêtres s'étaient contentés de loisirs passifs au lieu de voir dans leur temps libre une occasion d'explorer le savoir et la beauté.

Actuellement, environ 7 % des énergies non renouvelables que nous utilisons – électricité, essence, papier et produits métalliques – servent essentiellement aux loisirs. Construction et entretien de terrains de golf, impression de magazines, trajets en avion vers des destinations de vacances, production et distribution d'émissions de télévision, fabrication et utilisation de hors-bord et de scooters des mers épuisent une bonne partie des ressources de notre planète. Et il semble, paradoxalement, que le bonheur et la satisfaction que nous retirons de nos loisirs n'aient aucune relation – ou alors une relation négative – avec la quantité d'énergie matérielle consommée[6]. Les activités qui requièrent un savoir-faire, des connaissances ou des émotions, c'est-à-dire notre énergie psychique, sont tout aussi gratifiantes que celles qui nécessitent des équipements lourds et une source d'énergie extérieure. S'entretenir avec quelqu'un, jardiner, lire de la poésie, travailler bénévolement ou apprendre quelque chose de nouveau n'épuise aucune ressource naturelle et donne au moins dix fois plus de plaisir que des activités qui consomment dix fois plus d'énergie.

De même que la qualité d'une vie individuelle dépend dans une large mesure de l'utilisation du temps libre, la qualité d'une société résulte de la manière dont ses membres occupent leurs loisirs. Les quartiers riches peuvent donner une impression de fadeur déprimante parce qu'on se dit que derrière ces splendides façades dressées sur des pelouses impeccables personne ne fait rien d'intéressant. Dans certains pays, même en parlant avec l'élite de la société, on a l'impression qu'en dehors de l'argent, de la famille, de la mode, des vacances et des commérages, il n'y a pas grand-chose qui retienne l'attention des gens. À l'inverse, dans d'autres régions du monde, on trouve encore des retraités amoureux de la poésie classique qui collectionnent de vieux livres, des fermiers qui jouent d'un instrument de musique ou écrivent l'histoire de leur village, préservant ainsi les plus belles créations du passé et les enrichissant.

Nous avons vu que les habitudes de loisirs, au niveau social et au niveau personnel, agissent autant comme causes que comme conséquences. Lorsque le style de vie d'un groupe social devient obsolète, lorsque le travail se transforme en une routine ennuyeuse et que les responsabilités de la communauté perdent leur signification, on peut prévoir que les loisirs vont prendre une importance accrue. Et si une société devient trop dépendante de ses distractions, on peut prévoir qu'elle n'aura plus assez d'énergie psychique pour relever les défis technologiques et économiques qui ne vont pas manquer de se présenter.

Il peut paraître contradictoire de signaler les dangers de l'industrie des loisirs à une époque où elle est si florissante aux États-Unis. Musique, cinéma, mode et télévision rapportent des masses de devises du monde entier. Les boutiques de vidéo poussent comme des champignons à tous les coins de rue et réduisent le nombre de chômeurs. Nos enfants prennent pour modèles des célébrités médiatiques, et notre esprit déborde d'informations sur les faits et gestes des stars du cinéma ou du sport. Comment toutes ces belles choses pourraient-elles être nuisibles ? Si nous les évaluons du seul point de vue financier, il n'y a rien à redire. Mais si nous tenons compte des conséquences à long terme du consumérisme pratiqué par les jeunes générations « accros » à des loisirs passifs, il y a effectivement lieu de s'inquiéter.

Comment éviter le danger que constitue la polarisation de nos vies autour d'un travail dénué de signification parce que forcé et de loisirs dénués de signification parce que inutiles ? L'une des issues possibles nous est indiquée par l'exemple des individus créatifs évoqués au chapitre précédent. Pour eux, travail et loisirs sont indissociables, comme ils le sont pour les membres de certaines communautés traditionnelles. Mais contrairement à ces derniers, les individus créatifs ne se sont pas enfermés dans une époque révolue. Ils mettent à profit les connaissances héritées du passé et celles du présent pour inventer une meilleure façon d'être dans le futur. Dans la mesure où nous pouvons nous inspirer de leur exemple, il n'y a rien à craindre des loisirs. Le travail lui-même devient un plaisir, et quand on a besoin de s'arrêter, le temps libre peut être une véritable recréation au lieu d'un abrutissement programmé.

Si le métier que l'on exerce ne peut être amélioré, il faut faire de son temps libre une réelle occasion de vivre des expériences optimales – d'explorer son être et tout ce qui l'entoure. Par chance, le monde regorge littéralement de choses intéressantes à faire. Les seuls obstacles sont le manque d'imagination ou d'énergie. Sans cela, chacun d'entre nous est capable d'être poète, musicien, inventeur, explorateur, savant amateur, artiste ou collectionneur.

6

Relations et qualité de vie

Quand on s'interroge sur ce qui a le plus de chances de nous rendre heureux ou malheureux, on pense tout de suite à la relation aux autres. Un amant, une épouse peuvent nous emmener au septième ciel, nous mettre en rage ou nous déprimer ; les enfants sont sources de joie et de souffrance ; d'une simple phrase, notre patron peut éclairer ou assombrir notre journée. Rien n'est plus imprévisible que les interactions avec nos semblables. De l'expérience optimale, il nous arrive de passer, sans transition, à l'anxiété, à l'apathie, ou à l'ennui. À cause de l'influence que peuvent avoir ces interactions sur notre psyché, des cliniciens ont mis au point des formes de psychothérapie fondées sur la maximalisation des rencontres agréables[1]. Il est clair que notre bien-être est intimement lié à autrui, et que la rétroaction qui en découle résonne dans notre conscience.

Voyons par exemple les réactions de Sarah, l'une des participantes à nos études ESM. À 9 h 30, un dimanche matin, seule, assise dans sa cuisine, elle prend son petit déjeuner en lisant le journal. Lorsque le bip se déclenche, elle évalue son humeur à 5 sur une échelle où 1 représente la tristesse et 7 le bonheur maximal. Au moment du deuxième signal, à 11 h 30, elle est toujours seule, elle fume une cigarette et son humeur est attristée par l'idée que son fils va bientôt partir s'installer dans une autre ville. Son bonheur est tombé à 3. À 13 heures, elle est en train de passer l'aspirateur dans son salon et elle est triste : 1. Vers 14 h 30, elle se baigne dans la piscine de son jardin avec ses petits-enfants ; bonheur parfait : 7. Mais moins d'une heure plus tard, alors qu'elle prend un bain de soleil en essayant de lire, ses petits-enfants n'arrêtent pas de l'asperger, et son humeur passe à 2. Elle note sur son petit carnet : « Ma belle-fille devrait être plus ferme avec ses mômes. » Tout le long de la journée, que les autres soient présents physiquement ou seulement dans nos pensées, ils font sans cesse varier notre humeur.

Dans la plupart des sociétés, les gens dépendent encore plus du contexte social que dans nos cultures technologiques. En Occident, nous estimons que l'individu doit être libre de se développer à son gré et, depuis Rousseau au moins, la société nous apparaît comme un obstacle pervers à la réalisation personnelle. Au contraire, dans des pays comme l'Asie, la tradition considère que l'individu n'est rien tant qu'il n'a pas été modelé et affiné par les interactions avec les autres. C'est en Inde que l'on trouve l'un des meilleurs exemples de ce principe. Dans la culture classique hindoue, de sa prime enfance à son grand âge l'individu se conforme à des schémas de comportement adaptés à chaque étape. « La personne hindoue est consciemment et délibérément élaborée à travers une série de cérémonies collectives. Ces cérémonies sont les *samskaras*, rituels des cycles de la vie qui sont essentiels et auxquels aucun hindou n'échappe », écrit Lynn Hart. Les samskaras contribuent à former l'enfant et l'adulte en leur donnant de nouvelles règles de conduite à chaque étape de l'existence.

Comme l'a écrit le psychanalyste indien Sadhir Kakar, le samskara, c'est le bon rite au bon moment : « Le fait de considérer que le cycle de la vie humaine se déroule par étapes successives, chacune de ces étapes ayant ses "obligations" propres, et la nécessité d'une progression ordonnée à travers ces étapes font partie intégrante de la mentalité indienne traditionnelle [...]. L'une des dynamiques essentielles de ces rituels est l'intégration progressive de l'enfant dans la société, les samskaras marquant pour ainsi dire le tempo d'un mouvement progressif qui éloigne l'enfant de la symbiose mère-enfant originelle pour en faire un membre à part entière de la communauté. »

Mais la socialisation ne façonne pas seulement notre conduite, elle modèle aussi notre conscience aux attentes et aux aspirations de notre culture, de sorte que, devant les autres, nos échecs nous font honte et nous nous sentons coupables si nous manquons à nos devoirs. Là encore, la dépendance du moi par rapport aux attentes sociales intériorisées varie énormément d'une culture à l'autre. Les Japonais, par exemple, ont plusieurs mots pour décrire des nuances subtiles de dépendance, d'obligation, de responsabilité, parfaitement intraduisibles dans des langues où l'environnement social ne permet pas de vivre aussi finement ce type de relations[2]. Le journaliste japonais Shintaro Ryu affirme que ses concitoyens, dans leur ensemble, « veulent aller où vont les autres ; même à la plage, ils délaissent les endroits les moins peuplés et choisissent de s'installer là où les gens s'entassent les uns sur les autres ».

Il n'est pas difficile de comprendre pourquoi nous sommes à ce point empêtrés dans notre milieu social, tant mentalement que physiquement. Même nos cousins primates, les singes de la jungle et de la savane africaines, savent que leurs chances de survie dépendent de leur acceptation par le groupe. Un babouin solitaire va rapidement être victime des léopards ou des hyènes. Nos ancêtres ont très vite compris qu'ils étaient des animaux sociaux, qu'ils avaient besoin du groupe non seulement pour être en sécurité mais aussi pour apprendre les bonnes choses de la vie. La racine grecque du mot « idiot » désigne celui qui vit seul ; l'idée était que, coupé de toute relation sociale, l'individu devenait mentalement incompétent. Dans les sociétés contemporaines qui ignorent l'écriture, cette idée est si bien ancrée dans les esprits que l'individu qui s'isole est considéré comme un dangereux déviant car aucun être normal ne choisirait de quitter la compagnie des autres, à moins d'y être contraint.

Étant donné l'importance des interactions humaines pour l'équilibre de la conscience, il est essentiel de comprendre comment celles-ci nous affectent et d'apprendre à les transformer en expériences positives. Les relations, comme tout le reste, ne sont jamais gratuites. Nous devons dépenser une certaine quantité d'énergie psychique pour pouvoir en profiter. Faute de quoi nous risquons de penser, comme le personnage imaginé par Sartre dans *Huis clos*, que l'enfer, c'est les autres.

Pour qu'une relation introduise de l'ordre et non de l'entropie dans la conscience, elle doit répondre à deux conditions. La première est qu'il existe une certaine compatibilité entre nos objectifs et ceux de l'autre personne, ce qui est souvent difficile, puisque chacune des parties prenantes poursuit ses propres intérêts. Néanmoins, en cherchant bien, on doit finir par trouver un ou des buts communs. La seconde condition d'une relation réussie, c'est que l'on soit prêt à s'investir dans les objectifs de l'autre personne – ce qui n'est pas facile non plus dans la mesure où l'énergie psychique est la ressource la plus essentielle et la plus rare que nous possédions. Lorsque ces conditions sont réunies, il est possible de retirer les plus grands bénéfices de la fréquentation d'autrui – de vivre les expériences optimales provoquées par des relations optimales.

D'après les enquêtes, les expériences les plus positives sont généralement celles qui sont vécues avec des amis[3]. Cela est surtout vrai pour les adolescents (voir figure 3), mais également pour les personnes âgées. Les gens sont généralement plus heureux et plus motivés lorsqu'ils se trouvent entre amis, quoi qu'ils soient en train de faire. Même réviser ou faire le ménage, activités déprimantes quand on les effectue seul ou en famille, deviennent agréables entre amis. Il n'est pas difficile de voir pourquoi. Avec des amis, les conditions d'une interaction optimale sont généralement réunies puisqu'il s'agit de personnes que nous avons choisies : leurs buts sont compatibles avec les nôtres, et nous sommes sur un pied d'égalité avec elles. L'amitié est censée nous apporter des bénéfices mutuels sans aucune contrainte extérieure susceptible de créer une situation d'exploitation. Idéalement, l'amitié n'est jamais statique : elle est une source de stimulations émotionnelles et intellectuelles qui empêchent la relation de tomber dans l'ennui ou l'apathie. Entre amis, on renouvelle les activités, les expériences, les aventures ; on découvre des valeurs, des idées, des comportements ; on apprend à se connaître plus intimement, plus profondément. Alors que beaucoup d'expériences-flux nous intéressent très brièvement parce que les difficultés qu'elles présentent sont rapidement épuisées, l'amitié procure des stimulations potentiellement infinies qui, pendant toute notre vie, vont aiguiser nos capacités émotionnelles et intellectuelles.

Bien sûr, il est rare que l'on atteigne cet idéal. Au lieu d'être une occasion d'évoluer, l'amitié ne nous fournit bien souvent qu'un cocon de protection dans lequel perpétuer l'image d'un moi bien décidé à ne pas changer. La sociabilité superficielle des bandes d'adolescents, relations de bistrot, clubs sportifs, associations professionnelles ou compagnons de beuverie, donne la rassurante sensation d'appartenir à un groupe, sans effort et sans nécessité d'évolution personnelle. Cette tendance apparaît dans la figure 3, où l'on voit que la concentration est généralement moins importante en compagnie d'amis que seul. Il semble que les interactions entre amis impliquent, dans l'ensemble, très peu d'effort mental.

Dans le pire des cas, lorsqu'un individu dépourvu de liens affectifs étroits en arrive à dépendre exclusivement d'autres déracinés pour son équilibre émotionnel, l'amitié peut devenir destructrice. Les bandes de jeunes, groupes de délinquants, cellules terroristes sont généralement composés d'individus qui – de leur fait ou à cause de circonstances extérieures – n'ont trouvé leur place dans aucune communauté et qui ne peuvent compter que les uns sur les autres pour être confirmés dans leur identité. Ces amitiés-là peuvent aussi être des facteurs d'évolution pour l'individu, mais c'est une évolution que la société considère comme malsaine.

Figure 3
VARIATIONS DE LA QUALITÉ
DE L'EXPÉRIENCE VÉCUE
PAR LES ADOLESCENTS
SELON LE CONTEXTE SOCIAL

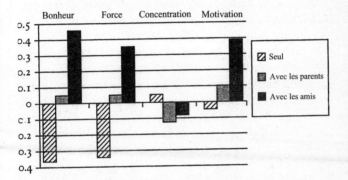

Le point « o » de la figure représente la qualité moyenne des expériences vécues au cours de la semaine. Les sentiments de bonheur et de force sont très nettement en baisse quand l'individu est seul, et en hausse quand il se trouve avec des amis. La motivation est bien meilleure avec les amis. Des tendances similaires apparaissent dans toutes les études ESM concernant adolescents et adultes, américains ou étrangers.

Source : Csikszentmihalyi et Larson, 1984.

Toutefois, comparée aux autres possibilités offertes par l'environnement social, l'amitié procure dans l'immédiat les situations les plus gratifiantes, et à long terme le contexte le plus favorable au développement du potentiel individuel. Mais notre mode de vie actuel ne favorise pas les amitiés durables. Dans des sociétés plus traditionnelles, une personne peut rester toute sa vie en contact avec ses amis d'enfance. Aux États-Unis la mobilité géographique et sociale ne le permet pas facilement. Nos amis de lycée ne sont pas les mêmes que ceux du primaire, et à l'université il faut encore créer de nouveaux liens. Ensuite, on passe d'un emploi à un autre, d'une ville à une autre, et les amitiés passagères deviennent de plus en plus superficielles. Après quarante ans, l'absence d'amis véritables est souvent le regret le plus douloureux évoqué par les individus qui traversent une crise émotionnelle.

Autre motif de regret, l'absence de relations sexuelles satisfaisantes. L'une des victoires culturelles du XXe siècle a été de redécouvrir l'importance d'une sexualité réussie pour une existence réussie. Mais, comme d'habitude, le pendule est passé d'un extrême à l'autre : la sexualité a été disjointe du reste de la vie, et les gens se sont mis à croire qu'une activité sexuelle sans entraves était la clé du bonheur. La variété et la fréquence des rencontres ont pris le pas sur la profondeur et l'intensité de la relation dans laquelle elles devraient s'inscrire. Et nous voilà dans la situation ironique où la doctrine traditionnelle de l'Église sur cette question est plus proche des thèses scientifiques que des conceptions généralement admises par nos contemporains. La thèse évolutionniste confirme en effet que la sexualité a pour premier objectif la conception d'enfants et le renforcement des liens entre parents. Cela ne veut pas dire que ce soit son unique justification. Les papilles gustatives, par exemple, ont d'abord eu pour fonction de distinguer les aliments sains des malsains, mais avec le temps les hommes ont élaboré des arts culinaires complexes fondés sur de subtiles nuances de goût. De la même façon, le plaisir sexuel, quelle que soit sa fonction première, peut devenir un moyen d'embellir la vie. Mais une sexualité vécue de façon compulsive et totalement détachée d'autres besoins comme l'intimité, la tendresse et l'engagement paraît aussi peu naturelle que la gloutonnerie de l'homme rassasié.

Lorsque les vaillants pionniers de la libération des mœurs brandirent l'étendard de la liberté sexuelle comme remède à l'oppression sociale, ils ne se doutaient pas qu'un demi-siècle plus tard le sexe serait récupéré pour faire vendre des désodorisants corporels et des boissons gazeuses. Comme l'ont dit Herbert Marcuse et quelques autres[4], l'exploitation d'Éros, sous une forme ou sous une autre, était inévitable ; son énergie était trop puissante pour ne pas être soit étouffée par l'Église ou par l'État, soit utilisée par l'industrie publicitaire. Autrefois, la sexualité était réprimée pour que l'énergie psychique liée à son déploiement puisse être détournée au profit des activités productives. Aujourd'hui, elle est encouragée, pour que les individus investissent leur énergie psychique dans la consommation, qui leur donne l'illusion de satisfactions sexuelles. Dans les deux cas, une force capable de donner les joies les plus intenses et les plus intimes est accaparée et manipulée par des intérêts extérieurs.

Que faire ? Comme dans d'autres domaines de l'existence, il est important que chacun en décide pour lui-même et comprenne quels enjeux et quelles forces tentent de détourner la sexualité à leur profit. Mais il est tout aussi important de savoir combien nous sommes vulnérables. D'ailleurs, nous ne sommes pas les seuls : il paraît que dans les montagnes Rocheuses les coyotes envoient parfois des femelles en chaleur pour attirer les chiens sans défense dans les embuscades tendues par la meute. Le risque, si l'on prend conscience de sa vulnérabilité sexuelle, c'est de tomber dans l'extrême opposé : la paranoïa. Or l'alternative qui s'offre à nous n'est pas nécessairement la continence ou la consommation sexuelle à outrance. Demandons-nous simplement ce que nous voulons faire de notre vie et quelle place nous voulons accorder à la sexualité.

Aux États-Unis, pour compenser en partie la difficulté de garder des amis, nous avons découvert une nouvelle possibilité : nous lier d'amitié avec les membres de notre famille – parents, conjoint, enfants. En Europe, la tradition de l'amour courtois ne permettait pas l'amitié entre mari et femme. Plus tard, lorsque les mariages étaient essentiellement des alliances économiques ou politiques et que les enfants héritaient de leurs parents leurs biens et leur statut social, l'égalité et la réciprocité essentielles entre amis n'existaient pas. Mais depuis quelques générations la famille a en grande partie perdu son rôle de nécessité économique. Et moins on dépend d'elle matériellement, plus on peut profiter des possibilités qu'elle offre sur le plan affectif. La famille moderne, avec tous ses problèmes, ouvre donc de nouvelles perspectives en permettant de vivre des expériences optimales autrefois très rares dans ce contexte.

Au cours des cinquante dernières années, nous avons découvert que l'image de la famille que nous chérissions depuis l'avènement de la bourgeoisie n'était qu'une possibilité parmi d'autres. Selon l'historien Le Roy Ladurie[5], à la fin du Moyen Âge la famille rurale se composait de toutes les personnes vivant sous le même toit et mangeant à la même table. Il pouvait y avoir des parents par le sang, mais aussi des ouvriers agricoles ou des saisonniers venus en renfort au moment des récoltes et hébergés à la ferme. On n'établissait apparemment pas une grande différence entre ces personnes. Liées par le sang ou non, elles appartenaient à la même *domus*, maison de pierre et de mortier qui, plus que la famille biologique, constituait une unité réellement déterminante. Mille ans plus tôt, la famille romaine était une organisation radicalement différente. Le patriarche avait légalement le droit de tuer ses enfants s'ils lui désobéissaient, et l'ascendance biologique était presque aussi importante que pour les familles aristocratiques au XIXe siècle.

Toutes ces variantes s'inscrivaient encore dans la même tradition culturelle. Mais des anthropologues nous ont révélé quantité d'autres formes familiales, depuis la famille hawaïenne extrêmement étendue où chaque femme âgée est considérée par les plus jeunes comme leur « mère », jusqu'à des formes variées de structures polygames ou polyandres. Tout cela nous a préparés à voir la désagrégation de la famille nucléaire – avec un taux de divorces de 50 % et la majorité des enfants élevés sans père ou dans des familles recomposées – moins comme une tragédie que comme une transition normale vers de nouvelles formes adaptées au changement des conditions sociales et économiques. On entend même certains extrémistes affirmer que la famille est une institution obsolète, réactionnaire, condamnée à disparaître.

Les conservateurs, adoptant la position inverse, voudraient maintenir les « valeurs familiales », c'est-à-dire revenir au schéma classique véhiculé par les feuilletons télévisés des années 1950. Dans cette controverse, qui a raison ? Les deux parties, certainement, jusqu'à un certain point, bien quelles aient toutes les deux tort d'adopter une vision aussi rigide d'une réalité en pleine évolution. D'une part, il est naïf de prétendre qu'il a existé un schéma familial idéal, et que l'on doit s'y accrocher même si le monde change. D'autre part, il est également erroné d'affirmer qu'un système social sain peut exister sans le soutien affectif et l'encadrement que seuls les parents semblent pouvoir assurer aux enfants. Car, dans les différentes formes de la famille, si diverses qu'elles soient, il existe une constante : la présence de deux adultes de sexe opposé qui engagent leur responsabilité l'un envers l'autre et envers leur progéniture.

C'est ce qui explique que le mariage soit, dans toutes les sociétés, une procédure aussi complexe. Les négociations préalables, notamment le calcul délicat de la dot ou du prix de la mariée, avaient pour but de garantir que les enfants nés de l'union future ne seraient pas à la charge de la communauté. La famille du marié et celle de la mariée acceptent la responsabilité d'entretenir et d'élever les enfants à naître, tant matériellement que pour leur transmettre les règles et les valeurs de leur communauté. Jusqu'ici, aucune société – ni l'Union soviétique, ni Israël, ni la Chine communiste – n'a réussi à faire l'impasse sur la famille en lui substituant une autre institution. C'est l'une des grandes ironies de notre temps que le capitalisme libéral ait réussi, avec d'excellentes intentions, à affaiblir la famille plus qu'aucun autre système – sans être capable de lui inventer une solution de remplacement.

Les conséquences des relations familiales sur la qualité de la vie sont si vastes qu'il faudrait plusieurs volumes pour les épuiser toutes. De fait, nombreuses sont les grandes œuvres littéraires – depuis *Œdipe Roi* jusqu'à *Hamlet*, *Madame Bovary* et *Désir sous les ormes* – dont c'est le thème principal. Les interactions au sein de la famille sont vécues de façon différente par chaque personne. Père, mère et enfants vont réagir au même événement en fonction de leur perception de la situation et des vicissitudes de leurs relations avec les autres. Mais, d'une manière très générale, on peut dire que la famille permet de tempérer les hauts et les bas de la vie quotidienne. Chez soi, on est rarement aussi content qu'avec ses amis, mais souvent moins malheureux que seul. De même, c'est « entre soi » que l'on se permet de laisser surgir ses émotions réprimées, comme le prouvent les abus et violences caractéristiques des familles dysfonctionnelles.

Dans un important travail de recherche sur les dynamiques familiales effectué par Reed Larson et Maryse Richards avec la méthode ESM, on peut remarquer quelques constantes intéressantes. Par exemple, lorsque mari et femme ont un emploi à l'extérieur, l'humeur de l'homme est médiocre au travail et s'améliore quand il rentre chez lui, alors que pour la femme c'est le contraire, puisqu'elle doit assumer les tâches domestiques après son travail ; et cela crée des cycles plaisir-déplaisir contradictoires[6]. Contrairement à ce qu'on pourrait penser, les disputes sont plus fréquentes dans les familles affectivement très proches ; lorsque la famille va mal, parents et enfants s'évitent plutôt que de s'affronter. Le statut de l'homme et celui de la femme diffèrent encore énormément : les humeurs du père affectent l'ensemble de la famille, les humeurs des enfants affectent la mère, mais les humeurs de la mère ont peu d'influence discernable sur celle du reste de la famille. En outre, 40 % des pères et moins de 10 % des mères disent que les bons résultats de leurs enfants les réjouissent, alors que 45 % des mères et 20 % des pères seulement disent que la bonne humeur des enfants améliore la leur. Cela montre que les hommes s'intéressent davantage à ce que font les enfants et les femmes à leur état psychologique, comme le prévoient les rôles sexuels traditionnels.

On a beaucoup écrit sur ce qui fait les familles réussies, mais tout le monde s'accorde à dire que dans celles qui contribuent au bien-être et à l'évolution de leurs membres, on trouve une combinaison de tendances presque contradictoires : discipline et spontanéité, contraintes et liberté, exigences et amour inconditionnel. Un système familial optimal est complexe[7] en ce sens qu'il favorise le développement individuel de chacun tout en unissant ses membres dans un réseau de liens affectifs. Les règles et la discipline permettent d'éviter les gaspillages d'énergie psychique causés par la négociation sur ce qui peut ou ne peut pas être fait – à quelle heure les enfants doivent rentrer à la maison, quand ils doivent faire leurs devoirs, qui va faire la vaisselle. L'énergie psychique qui n'a pas été vainement dépensée en disputes et en arguties peut être investie dans la poursuite des objectifs individuels. Mais en même temps, chacun sait qu'il peut profiter de l'énergie psychique collective en cas de besoin. Les enfants qui grandissent dans une famille complexe ont la chance de pouvoir développer divers talents et d'apprendre à évaluer la difficulté des choses, ce qui leur donne une meilleure préparation pour vivre la vie comme un flux.

Dans notre société, une personne passe en moyenne un tiers de son temps de veille seule. Les gens qui dépassent cette moyenne ou restent en deçà ont souvent des problèmes. Les adolescents qui traînent sans arrêt avec leurs copains connaissent des difficultés scolaires et risquent de ne pas apprendre à penser par eux-mêmes, tandis que ceux qui sont trop souvent seuls sont facilement victimes de dépressions ou d'aliénation. Le suicide est plus fréquent chez les personnes que leur travail éloigne des autres physiquement, comme les bûcherons du Nord, ou émotionnellement, comme les psychiatres. Il y a bien sûr des exceptions, lorsque les journées du solitaire sont assez bien organisées pour ne laisser aucune place à l'entropie psychique. Les moines reclus peuvent passer l'essentiel de leur vie dans une cellule sans en souffrir et, à l'opposé, l'équipage des sous-marins résiste fort bien à de longs mois de promiscuité forcée.

Dans beaucoup de sociétés ne connaissant pas l'écriture, l'idéal était de ne jamais se trouver seul. L'anthropologue Reo Fortune raconte que les habitants de Dobu, en Mélanésie, fuyaient la solitude comme la peste[8]. Quand ils devaient s'éloigner dans les broussailles pour faire leurs besoins ils emmenaient toujours un ami ou un parent, de peur d'être attaqués par des mauvais esprits s'ils étaient seuls. Le fait que la sorcellerie soit plus efficace sur une personne seule n'est pas entièrement dénué de fondement. Il correspond à une réalité, même si son expression prend une forme allégorique. Cette réalité, soulignée par de nombreux sociologues, est que l'esprit d'une personne isolée est vulnérable et se laisse facilement envahir par des fantasmes ou des peurs irrationnelles. Quand on parle avec quelqu'un d'autre, fût-ce du temps qu'il fait ou

117

du match de la veille, la conversation introduit dans la conscience une réalité commune. Même une salutation, un simple « bonjour », nous rassure sur notre existence puisque quelqu'un nous a vus, s'intéresse à nous. La fonction essentielle des rencontres, même les plus banales, est donc *le maintien de la réalité*, confirmation indispensable pour empêcher la conscience de sombrer dans le chaos.

Dans le même ordre d'idées, les gens disent généralement que leur moral est moins bon quand ils sont seuls que lorsqu'ils sont avec d'autres. Moins heureux, moins joyeux, moins forts, ils ressentent davantage l'ennui, la passivité, l'isolement. La seule dimension de l'expérience qui soit meilleure, c'est la concentration. En découvrant cela, beaucoup d'individus ont du mal à le croire : « C'est impossible », disent-ils ; « Moi, j'adore être seul(e) et je recherche la solitude. » On peut, en effet, apprendre à aimer la solitude, mais ce n'est pas si facile. Pour les artistes, les scientifiques et les écrivains, pour ceux qui ont un violon d'Ingres ou une vie intérieure riche, être seuls n'est pas seulement un plaisir mais une nécessité. Toutefois, peu de personnes maîtrisent les outils intellectuels indispensables.

La plupart des gens surestiment aussi leur capacité à rester seuls. Une enquête réalisée en Allemagne par Elisabeth Noelle-Neumann prouve à quel point on peut se leurrer sur ses propres goûts[9]. Deux photos d'un paysage de montagne furent montrées à des milliers de personnes. Sur l'une, on voyait une prairie couverte de monde, sur l'autre, une prairie semblable avec quelques personnes seulement. Les participants à l'enquête devaient répondre à deux questions. La première était : « Dans lequel de ces deux endroits aimeriez-vous passer vos vacances ? » et 60 % environ choisirent la prairie presque déserte, tandis que 34 % préféraient l'autre. À la seconde question : « Dans lequel de ces deux endroits pensez-vous que la plupart des Allemands préféreraient passer leurs vacances ? », 61 % répondirent que leurs compatriotes choisiraient le lieu le plus fréquenté et 23 % qu'ils iraient plus volontiers dans l'autre. Dans cet exemple, comme dans bien d'autres situations, on en apprend souvent plus sur les préférences des gens quand ils parlent des autres que lorsqu'ils expriment leurs propres choix.

Que l'on apprécie la solitude ou pas, il faut, de nos jours, savoir s'en accommoder. On ne peut pas apprendre les mathématiques, jouer du piano, programmer un ordinateur ou s'interroger sur son avenir en nombreuse compagnie. La concentration requise pour poursuivre un raisonnement se dissipe facilement quand on est interrompu par des mots, par la nécessité de s'intéresser à une autre personne. C'est ainsi que les adolescents qui ne peuvent pas se passer de leurs copains – et ce sont souvent des jeunes à qui leur famille ne fournit pas de soutien affectif – manquent souvent d'énergie psychique pour apprendre quelque chose de complexe. Même doués d'aptitudes intellectuelles supérieures, s'ils ont peur de la solitude, ils n'arriveront pas à développer leurs talents[10].

S'il est vrai que la solitude a toujours représenté une menace pour l'humanité, la présence d'étrangers n'en était pas moins un problème. Nous supposons généralement que « les autres », ceux qui ne sont pas comme nous – par leur origine, leur langue, leur race, leur religion, leur éducation, leur classe sociale – vont avoir des intérêts opposés aux nôtres et doivent donc être regardés avec suspicion. Les premiers groupes humains se considéraient comme les seuls humains véritables par comparaison avec les groupes qui n'avaient pas la même culture. Même si, génétiquement, nous sommes tous parents, les différences culturelles ont toujours servi à nous isoler les uns des autres.

De ce fait, lorsque des groupes différents étaient mis en contact, ils oubliaient bien souvent leur humanité commune pour traiter « l'Autre » comme un ennemi qui, en cas de besoin, pouvait être détruit sans trop de scrupules. Cela est vrai des chasseurs de têtes de Nouvelle-Guinée mais aussi des catholiques et des protestants irlandais, des Serbes et des Musulmans de Bosnie, et une infinité d'autres conflits entre peuples et religions mijotent en permanence sous une surface civilisée.

Les premiers creusets où se sont mêlées diverses identités tribales ont été les grandes cités, bâties il y a huit mille ans dans différentes parties du monde, de l'Inde à l'Égypte en passant par la Chine. Là, pour la première fois des gens d'origines différentes ont appris à coopérer et à tolérer des manières d'être étrangères. Mais même les grandes métropoles cosmopolites n'ont pas réussi à éliminer la peur de l'étranger. Dans le Paris médiéval, les tout jeunes *escoliers* devaient porter une dague quand ils circulaient entre leur domicile et l'école religieuse, pour se défendre des voleurs et des kidnappeurs. Aujourd'hui, les jeunes de certains quartiers ne sortent pas sans arme à feu. Au XVIIe siècle, il était extrêmement courant que les femmes soient accostées dans la rue et violées par des bandes de jeunes[11]. Dans nos jungles urbaines, un homme différent par sa couleur de peau, ses vêtements et son comportement est toujours perçu comme un prédateur éventuel.

Mais l'attitude inverse existe aussi. Car si nous sommes rebutés par les différences, nous sommes fascinés par l'étrange, l'exotisme. L'attrait des métropoles s'explique en partie par l'atmosphère tonique de liberté et de créativité suscitée par le choc des cultures et que n'offrent pas les sociétés isolées, homogènes. C'est pourquoi les gens disent vivre leurs expériences les plus positives dans des espaces publics lorsqu'ils sont entourés d'étrangers – parcs, rues, restaurants, théâtres, cafés et plages. Tant que nous pouvons supposer que les autres ont les mêmes buts que nous et que leur conduite restera prévisible, leur présence ajoute beaucoup de piment à l'existence.

L'évolution actuelle vers le pluralisme et une culture mondiale (tendances qu'on ne saurait confondre mais qui tendent toutes deux vers l'intégration, non vers la différenciation) est une façon de réduire l'étrangeté des étrangers. La « restauration » des communautés en est une autre – les guillemets sont là pour indiquer que la communauté idéale, de même que la famille idéale, n'a sans doute jamais existé. Lorsqu'on se penche sur des récits de vies individuelles, il est difficile de trouver un lieu, une époque, où les individus ont pu vaquer à leurs affaires en toute coopération, sans avoir peur d'ennemis intérieurs ou extérieurs à leur communauté. Il n'y avait peut-être pas de minorités raciales ou d'organisations criminelles dans les petites villes chinoises, indiennes ou françaises, mais on y trouvait des inadaptés, des déviants, des hérétiques, des castes inférieures, des inimitiés qui explosaient en guerres civiles, etc. Aux États-Unis, il existait certainement une grande cohésion au sein des communautés de pionniers – tant qu'elle n'était pas détruite par les chasses aux sorcières, les guerres indiennes, les conflits entre partisans et adversaires de la Couronne britannique ou de l'esclavage.

Autrement dit, la communauté idéale qui inspira les pinceaux de Norman Rockwell n'avait pas plus de réalité que ses familles bien nourries, roses et souriantes, inclinant respectueusement la tête autour du repas de Thanksgiving. Cela ne veut pas dire que tenter de créer des communautés saines soit une mauvaise idée. Mais au lieu de chercher des modèles dans le passé, nous devrions nous interroger sur ce que pourrait être un environnement social sûr et stimulant dans l'avenir.

Depuis la naissance de la philosophie occidentale, les penseurs ont proposé deux voies principales pour accéder à la pleine réalisation du potentiel humain. La première était la *vita activa*[12] ou expression du moi à travers l'action dans l'arène publique – se tenir au courant de ce qui se passe dans la sphère sociale, prendre des décisions, faire de la politique, défendre ses convictions, prendre un parti, fût-ce au prix de son confort et de sa réputation personnelle. C'est cette voie active que recommandaient beaucoup de philosophes grecs à qui voulait s'épanouir. Plus tard, sous l'influence de l'éthique chrétienne, la *vita contemplativa* a remplacé l'idéal grec. Réflexion solitaire, prière, communion avec le créateur devaient permettre de parvenir à l'accomplissement le plus complet. Et ces deux stratégies étaient généralement considérées comme mutuellement exclusives – on ne pouvait pas être à la fois dans l'action et dans le recueillement.

Cette dichotomie subsiste dans notre conception du comportement humain. Carl Jung a introduit les concepts d'introversion et d'extraversion comme des traits fondamentaux et antagonistes de la psyché. Le sociologue David Riesman a décrit le passage historique de la personnalité intériorisée vers la personnalité extériorisée. La recherche actuelle en psychologie considère l'extraversion et l'introversion comme les traits de personnalité les plus stables et les plus faciles à mesurer pour différencier les individus. Chaque personne manifeste généralement soit l'une soit l'autre, aimant interagir avec les autres et redoutant la solitude, ou appréciant la solitude et fuyant le contact avec autrui. Lequel de ces types est le plus susceptible de tirer le meilleur parti de la vie ?

Des études actuelles montrent à l'évidence que les gens ouverts sont plus heureux, moins stressés, plus calmes, plus en paix avec eux-mêmes que les introvertis[13]. Il est facile d'en conclure que les extravertis – qui le seraient de naissance, pas par éducation – profitent bien mieux de l'existence, à tous points de vue. Mais j'ai certaines réticences quant à la manière dont les informations ont été interprétées. L'extraversion se manifeste notamment par le tour positif qui est donné aux choses. Les introvertis, eux, sont souvent plus réservés dans la description de leurs états intérieurs. Il se peut donc que la qualité de l'expérience soit comparable chez les deux groupes et que seule la façon d'en parler diffère.

Il me semble plus judicieux de s'intéresser aux individus créatifs qui paraissent manifester, dans leurs activités quotidiennes, les deux tendances. Il est vrai que le stéréotype du « génie solitaire » a la vie dure et n'est pas totalement dénué de fondement. Car il faut généralement être seul pour écrire, peindre ou faire des expériences de laboratoire. Mais quand on interroge des créateurs, ils insistent toujours sur l'importance de voir des gens, d'échanger des idées et de connaître le travail des autres. Le physicien John Archibald Wheeler exprime cela de façon très directe : « Si on ne discute pas avec les autres, on est fichu. Personne, comme je le dis toujours, ne peut devenir quelqu'un sans quelqu'un d'autre à ses côtés. »

Freeman Dyson, autre scientifique de renom, décrit fort bien les phases successives de l'introversion et de l'extraversion dans son travail : « La science est une activité extrêmement grégaire. C'est toute la différence entre garder ma porte ouverte ou la fermer. Quand je fais de la science, la porte est ouverte [...]. Il faut tout le temps échanger avec les autres [...] parce que c'est la seule façon d'arriver à faire quelque chose d'intéressant. C'est une entreprise collective. Il se passe toujours quelque chose de nouveau et il faut suivre, se tenir au courant. Il faut parler, tout le temps. Mais l'écriture, c'est autre chose bien sûr. Quand j'écris, ma porte est fermée, et même comme ça il y a trop de bruit, alors je me réfugie souvent dans la bibliothèque. C'est un jeu solitaire, l'écriture. »

John Reed, président de Citicorp qui a dirigé son entreprise avec succès pendant des temps troublés, a introduit l'alternance entre réflexion intérieure et inter-actions sociales dans son emploi du temps : « Mon moment préféré, c'est le petit matin. Je me lève toujours à 5 heures, je sors de la douche vers 5 h 30 et en général je me mets tout de suite au travail soit chez moi soit au bureau. C'est le moment où je réfléchis, où j'organise mes priorités [...]. J'essaye de rester au calme jusqu'à 9 h 30 ou 10 heures. Après, je me trouve plongé dans toutes sortes de transactions. Quand on est patron, c'est comme si on était chef de tribu. Les gens viennent vous voir dans votre bureau pour vous parler. »

Même dans le domaine de l'art il est essentiel de savoir communiquer. Nina Holton, qui est sculpteur, décrit bien le rôle de la sociabilité dans son travail : « Vous ne pouvez pas travailler complètement seul dans votre atelier. Vous avez envie qu'un autre artiste vienne voir ce que vous faites et en parle : "Comment trouves-tu ça ?" On a besoin d'un retour. On ne peut pas rester tout le temps tout seul [...]. Et puis, quand vous commencez à exposer, vous devez avoir des contacts, connaître des galeristes. Il faut rencontrer des gens qui travaillent dans le même domaine et s'intéressent à votre travail. Et même si vous n'êtes pas sûr de vouloir appartenir à ce milieu, c'est indispensable, vous savez, d'être reconnu par ses pairs. »

La façon dont ces individus créatifs abordent l'existence permet de penser qu'il est possible d'être à la fois introverti et extraverti ; elle suggère même que l'expression de qualités d'ouverture et d'intériorité serait naturelle à l'homme. Ce qui est anormal, c'est de s'enfermer dans une attitude et de ne vivre que collé aux autres ou complètement isolé. Certes, notre tempérament et notre éducation vont finir par nous pousser dans une direction et, succombant à ces forces de conditionnement, nous finirons par apprécier soit l'un, soit le multiple. Cette exclusive nous couperait pourtant d'une partie de l'expérience humaine, nous empêchant de vivre pleinement notre vie.

7

Changer ses habitudes

Il y a quelques années, j'ai reçu d'un homme de quatre-vingt-trois ans l'une des lettres les plus touchantes qu'un lecteur m'ait jamais écrites. Après la Première Guerre mondiale, il avait été soldat dans l'artillerie, stationné dans le Sud. À l'époque, les canons étaient tirés par des chevaux et, après les manœuvres, ses camarades et lui les dételaient pour jouer au polo. En jouant, il avait ressenti une euphorie qu'il ne connaissait pas auparavant et n'avait jamais retrouvée par la suite. Seul le polo pouvait apparemment lui donner autant de plaisir. Il avait passé les soixante années suivantes dans une routine proche de l'apathie. Puis il avait lu mon livre *Vivre** et compris que l'excitation ressentie dans sa jeunesse sur le dos d'un cheval n'était pas nécessairement limitée au polo. Alors il s'était mis à faire des choses qu'il imaginait agréables sans avoir jamais essayé : jardiner, écouter de la musique, entre autres. Et, ô miracle, ces activités lui avaient rendu l'enthousiasme de sa jeunesse.

* Robert Laffont, Paris, coll. « Réponses », 2004 ; Pocket n° 12335.

us rendre momentanément plus joyeux, ... nberez vite dans la morosité tiède à ... ndamment vos gènes. Si cela était vrai, il ... ouloir améliorer la qualité de sa vie. ... o déterministe concerne en fait l'extra- ... nte, souvent confondue avec le bonheur, ... parement un trait de caractère relative- ... en va tout autrement si par « bonheur » ... le simple plaisir de vivre que procure le

nt la méthode ESM pour réaliser une ... inale auprès d'adolescents, Joel Hektner ... que 60 % des jeunes interrogés témoi- ... même occurrence du flux pendant deux ... e semaine, à deux ans d'intervalle[3]. Mais ... tants avaient changé pendant ces deux ... ié d'entre eux disait avoir vécu le flux ... ne une tâche difficile requérant beaucoup ... re) plus souvent, l'autre moitié, moins ... premiers passaient plus de temps à étu- ... x ans auparavant et moins de temps à des ... fs ; leur niveau de concentration, de fierté, ... d'intérêt était notablement plus élevé que ... tre groupe, même s'ils avaient vécu le flux ... fréquence deux ans plus tôt. Il est important ... que ceux dont les expériences optimales ... plus nombreuses ne se disaient pas plus ... » que les autres. Mais étant donné la qualité ... dimensions de l'expérience dont ils témoi- ... n peut en conclure que le bonheur du groupe ... connu moins d'expériences-flux était plus ... l, moins authentique. Ces résultats permet- ... penser qu'il est effectivement possible de

Il est heureux pour cet homme d'avoir enfin découvert qu'il n'était pas obligé d'accepter passivement une existence ennuyeuse, mais ces soixante années n'ont-elles pas été inutilement creuses ? Et combien de personnes continuent à ignorer qu'elles peuvent gérer leur énergie psychique de façon à tirer un meilleur profit de leur vie quotidienne ? S'il est vrai que 15 %[1] de la population ne vivent jamais le flux, cela veut dire qu'aux États-Unis dix millions de personnes se privent de ce qui donne du prix à l'existence.

Certes, on peut comprendre que, pour certains, le flux soit difficile ou impossible à vivre. Une enfance malheureuse, des parents abusifs, la misère et quantité d'autres causes extérieures peuvent empêcher de connaître la joie. Mais il y a suffisamment d'exemples où des individus ont réussi à surmonter ces obstacles pour que l'on se demande si la qualité de la vie est uniquement déterminée par les circonstances extérieures. En réponse à ce que j'écrivais dans *Vivre* à propos de l'expérience optimale, des lecteurs m'ont affirmé qu'il était très possible de réussir sa vie d'adulte après avoir vécu une enfance malheureuse.

Les exemples sont trop nombreux pour être cités. L'un de mes préférés concerne Antonio Gramsci[2], théoricien du socialisme humaniste qui eut une influence considérable sur l'évolution de la pensée européenne du XXe siècle et sur la fin du stalinisme. Né en 1891 de parents pauvres, dans une île non moins pauvre, la Sardaigne, Antonio était un enfant maladif et souffrait d'une grave malformation de la colonne vertébrale. La famille, nombreuse, tomba dans la misère lorsque le père, arrêté sous une fausse accusation, fut mis en prison et ne put continuer à subvenir aux besoins des siens. L'oncle d'Antonio, dans la louable intention de redresser le dos de son neveu, le suspendait par les chevilles aux chevrons de la masure familiale. La mère d'Antonio était tellement persuadée qu'il allait mourir dans son sommeil qu'elle déposait tous les soirs son meilleur costume et deux bougies sur le buffet pour que les préparatifs funéraires soient plus vite faits. Avec tout cela, il n'aurait pas été surprenant que Gramsci devienne un homme plein de haine et dépit. Or, en tant qu'écrivain, ce brillant théoricien consacra toute sa vie à la défense des opprimés. Il participa à la fondation du Parti communiste italien, mais ne trahit jamais son humanitarisme par opportunisme ou respect du dogme de son parti. Emprisonné par Mussolini dans un cul-de-basse-fosse et condamné à y mourir de solitude, il écrivit jusqu'à sa mort des lettres et des essais pleins de lumière, d'espoir et de compassion. Toutes les circonstances extérieures étaient réunies pour que Gramsci mène une existence misérable ; c'est donc à lui seul que revient le mérite d'avoir atteint l'équilibre intellectuel et émotionnel qui constitue son héritage.

Un autre exemple, tiré de mes travaux personnels cette fois, concerne Linus Pauling. Né à Portland, dans l'Oregon, au tournant du siècle, Linus avait neuf ans quand son père est mort, laissant sa famille dans le dénuement. Lecteur infatigable, collectionneur de minéraux, d'insectes et de plantes, Linus pensait qu'il ne pourrait pas aller au-delà du collège. Heureusement, les parents d'un de ses amis l'obligèrent presque à faire des études supérieures. Puis il bénéficia d'une bourse pour entrer à Cal Tech, se lança dans la recherche, reçut le prix Nobel de chimie en 1954 et le prix Nobel de la paix en 1962. Voici comment il raconte ses années d'études : « Je gagnais un peu d'argent en faisant divers petits boulots pour l'uni-

versité. Je tuais
pant un bâton d
d'arséniate de s
bâton dans chaqu
coupais du bois, u
gueur permettant
toir des filles. Deu
pièce de bœuf en s
je nettoyais la gran
puis, à la fin de m
boulot comme poseu
de trottoir dans les m

Ce que j'ai trouvé
ling, c'est l'enthousias
tait encore à quatre-vin
ce qu'il faisait ou disa
vivre. Et il ne faisait
Comme il le dit lui-mêm
à faire ce que j'aimais. »

Certains trouveront
comment peut-on se pe
qu'on aime ? Mais en réal
blables – aimait pratiquem
la tâche soit noble ou trivi
seule chose réellement in
d'individus, c'est de perdre
donc pas objectivement pire
mais leur enthousiasme suf
qu'ils font en expérience opti

Ces derniers temps, on a b
que chacun naît avec un carac
qu'il n'y a pas grand-chose à
vous avez une nature heureu
pourra vous changer. Si vous êt

mieux vivre en investissant son énergie psychique dans des activités plus susceptibles de produire le flux.

Dans la mesure où le travail tient une place centrale dans notre vie, il devrait être aussi agréable et gratifiant que possible. Pourtant, beaucoup de gens estiment que, si leur salaire est correct et leur sécurité garantie, peu importe que leur métier soit ennuyeux ou aliénant. Or une telle attitude équivaut à gaspiller presque 40 % de son temps de veille. Et puisque personne d'autre ne va s'inquiéter de savoir si nous aimons notre travail, il faut nous en préoccuper nous-mêmes.

Les principaux reproches généralement faits au travail sont au nombre de trois. Le premier, c'est l'inutilité – mon métier ne rend service à personne et peut même être nuisible. Certains fonctionnaires, représentants de commerce et même des scientifiques travaillant dans des domaines comme l'armement ou l'industrie du tabac ont besoin d'une bonne dose d'hypocrisie pour supporter de faire ce qu'ils font. Deuxième reproche : le travail est ennuyeux, routinier ; il n'offre ni variété ni difficultés à surmonter. Au bout de quelques années on peut l'exercer les yeux fermés et l'on n'a pas l'impression d'évoluer mais de stagner. Troisième reproche : le travail est souvent source de stress ; surtout quand on a des relations difficiles avec ses collègues ou ses supérieurs hiérarchiques qui voudraient plus de résultats et sont incapables de reconnaître la valeur des tâches accomplies. Contrairement à ce que l'on croit généralement, le salaire et la sécurité de l'emploi ont souvent moins d'importance que ces trois reproches dans l'évaluation du niveau de satisfaction qu'offre une profession[4].

Même si nous refusons de l'admettre, c'est à nous qu'il appartient de surmonter la plupart de ces obstacles. Inutile de rejeter la faute sur la famille, la société ou l'Histoire si nous exerçons un métier inutile, ennuyeux ou stressant. Pour ceux qui prennent soudain conscience du caractère inutile ou réellement nuisible de leur métier, la latitude de choix est limitée, il faut bien le reconnaître. La seule possibilité est peut-être de démissionner le plus vite possible, même au prix de graves difficultés financières. En termes de qualité de vie, il vaut mieux faire un métier qui corresponde à nos aspirations qu'un métier qui nous enrichit matériellement et nous appauvrit psychologiquement. Ce genre de décision est très difficile à prendre et demande une grande honnêteté par rapport à soi-même. Comme l'a montré Hannah Arendt à propos de Karl Adolf Eichmann et autres employés des camps d'extermination nazis, il est facile de nier sa responsabilité en se dissimulant derrière cette excuse : « Je n'ai fait que mon travail. »

Les psychologues Ann Colby et William Damon décrivent dans leur livre des personnes qui ont pris des mesures extrêmes pour donner un sens à leur activité, des gens qui ont quitté une existence « normale » pour se consacrer au bien-être des autres[5]. Susie Valdez, par exemple, passait d'un emploi dénué d'intérêt à un autre, sans aucune perspective d'avenir jusqu'au jour où elle fit un voyage au Mexique. Dans la banlieue de Juárez, elle découvrit d'immenses tas d'ordures qui servaient de garde-manger à des centaines de gosses abandonnés. Susie comprit qu'elle avait trouvé plus désespérés qu'elle et qu'il était en son pouvoir d'apprendre à ces gamins une meilleure façon de vivre. Elle fonda un centre d'accueil pour ces exclus, ouvrit une école et une clinique et devint pour toute la ville « la reine des dépotoirs ».

Sans aller jusque-là, il y a mille façons de rendre son travail plus gratifiant[6]. Une caissière de supermarché qui s'intéresse à chaque client, un médecin attentif au bien-être général de ses patients plutôt qu'à leurs seuls symptômes, un journaliste qui, dans ses articles, donne plus d'importance à la vérité qu'au sensationnalisme valorisent un travail routinier en le rendant vivant, intéressant. Avec la spécialisation croissante, la plupart des emplois sont devenus répétitifs et sans envergure. Il est difficile d'avoir une image positive de soi quand on passe son temps à regarnir les rayons d'un supermarché ou à remplir des formulaires du matin au soir. Mais il suffit de prendre en compte l'ensemble du contexte et de comprendre l'impact de son activité sur l'ensemble pour transformer un travail banal en une contribution, même minime, à l'ordre et au bon fonctionnement du monde.

Comme tout un chacun, je peux témoigner de rencontres nombreuses avec des personnes qui, en plus de leur travail, s'efforcent de réduire l'entropie régnant autour d'elles. Un employé de station-service qui vous répare un essuie-glace avec le sourire et refuse d'être payé pour si peu ; un marchand de biens qui continue à vous aider plusieurs années après vous avoir vendu une maison ; un steward qui accepte de rester alors que tout l'équipage a quitté l'aéroport pour vous aider à retrouver une mallette… Dans des cas comme ceux-là, la valeur du travail effectué augmente, puisque celui qui l'effectue y investit un supplément d'énergie psychique et en retire une plus-value de sens. Néanmoins, cette plus-value n'est jamais gratuite. Elle suppose que l'on réfléchisse et que l'on se soucie des autres en plus de faire son travail proprement dit. Et cela nécessite une attention supplémentaire, attention qui est, dois-je le répéter, la ressource la plus précieuse dont nous disposions.

On peut dire la même chose à propos d'un métier n'offrant ni difficulté ni variété et qu'on veut rendre plus conforme à ses attentes. La méthode consiste, encore une fois, à y investir un supplément d'énergie psychique. Sans efforts, un travail dénué d'intérêt le restera. La solution est simple : elle consiste à considérer attentivement chaque étape de son activité en se demandant si elle est nécessaire et à qui elle peut être utile. Si elle est nécessaire, pourrais-je l'exécuter plus vite, plus efficacement ? Y a-t-il autre chose qui pourrait rendre ma contribution plus valable ? Au travail, notre attitude consiste généralement à déployer beaucoup d'efforts pour prendre des raccourcis et en faire le moins possible. Mais c'est une stratégie à courte vue. Si nous mettions au contraire toute notre attention à en faire plus, notre activité nous apporterait davantage de satisfactions – et aussi de succès, probablement.

Certaines découvertes très importantes se produisent lorsque le savant, attentif à un processus de routine, remarque quelque chose de nouveau et d'inhabituel qui requiert une explication. Wilhelm Röntgen a découvert les rayons X en remarquant que des plaques photographiques paraissaient avoir été exposées malgré l'absence de lumière. Alexander Fleming a découvert la pénicilline en constatant que les cultures de bactéries étaient moins denses sur les assiettes qui, n'ayant pas été lavées, présentaient des moisissures. Rosalyn Yalow a découvert une technique de radio-immunologie après avoir observé que les diabétiques absorbaient l'insuline plus lentement que les personnes saines et non plus vite, comme on le supposait. Dans tous ces exemples – et les annales de la science en contiennent bien d'autres – un événement de routine est transformé en une découverte majeure qui modifie notre vie, parce que quelqu'un y a porté plus d'attention que la situation ne l'exigeait apparemment. Si Archimède, en se plongeant dans son bain, s'était simplement dit : « Zut, j'ai encore mis de l'eau partout, que va dire la patronne ? » l'humanité aurait peut-être dû attendre plusieurs centaines d'années avant de comprendre le principe du déplacement des fluides. Comme le dit Rosalyn Yalow à propos de ses propres expériences : « Quelque chose apparaît et vous constatez que cela s'est passé. » Rien de plus simple. Mais nous sommes presque toujours trop distraits pour remarquer qu'il se passe quelque chose.

De même qu'un minuscule changement peut provoquer une importante découverte, il suffit de petits ajustements pour transformer un travail routinier rebutant en une activité que l'on se réjouit de retrouver chaque matin. Premièrement, être suffisamment attentif pour bien comprendre ce qui se passe et pourquoi ; deuxièmement, ne pas accepter passivement qu'il y ait une seule façon de faire le travail ; ensuite, en essayer d'autres et chercher jusqu'à trouver la meilleure. Lorsqu'un employé est promu à un poste supérieur, c'est généralement parce qu'il a procédé ainsi. Mais même si personne ne s'en aperçoit, utiliser son énergie psychique de cette manière procure toujours des satisfactions.

J'en ai eu un excellent exemple à l'époque où je faisais de la recherche dans une usine d'assemblage de matériel audiovisuel. La plupart des ouvriers qui travaillaient à la chaîne s'ennuyaient et méprisaient leur travail. Puis j'ai rencontré Rico, qui avait adopté l'attitude inverse. Il considérait que son travail, difficile, nécessitait beaucoup d'habileté. Et je me suis rendu compte qu'il avait raison. La tâche qu'il avait à accomplir était tout aussi ennuyeuse et répétitive que celle des autres, mais il s'était entraîné à l'exécuter avec une économie de mouvements et une élégance dignes d'un virtuose. Quatre cents fois par jour, une caméra s'arrêtait devant lui, et il avait quarante-trois secondes pour vérifier si le système d'enregistrement du son était conforme aux spécifications. Après avoir essayé pendant plusieurs années différents enchaînements de gestes et différents outils, il avait réussi à réduire le temps moyen de vérification d'une caméra à vingt-huit secondes. Il était fier de ce résultat comme le serait un athlète olympique qui aurait réussi à battre le record du quatre cents mètres en quarante-quatre secondes. Rico n'a pas gagné de médaille pour ce record, et la productivité de l'entreprise n'a pas été améliorée, parce que la vitesse de la chaîne n'a pas changé. Mais le fait d'utiliser ses capacités au maximum le remplissait de bonheur : « C'est mieux que tout le reste – mille fois mieux que de regarder la télé. » Et comme il avait l'impression d'avoir atteint ses limites dans ce travail, il prenait des cours du soir pour obtenir un diplôme qui lui ouvrirait de nouvelles possibilités dans le domaine de l'électronique.

C'est ce même type d'approche qui permet de résoudre le problème du stress au travail, puisque le stress est un obstacle au flux[7]. Dans le langage courant, le mot « stress » désigne à la fois la tension ressentie et ses causes externes. Cette ambiguïté incite à penser que le stress externe provoque forcément un inconfort psychologique. Mais, là encore, la relation de cause à effet n'est pas systématique. Les facteurs externes (que nous appellerons « pression » pour éviter la confusion) ne provoquent pas toujours des expériences négatives. Il est vrai que les gens s'angoissent quand ils sentent que la difficulté d'une tâche excède largement leurs capacités, et qu'ils veulent à tout prix éviter l'angoisse. Mais la perception des difficultés comme des capacités repose sur une évaluation subjective qui peut se modifier.

Au travail, les sources de tension sont aussi nombreuses que dans la vie : crises inattendues, nécessités de rendement, problèmes insolubles de toutes sortes. Comment éviter de succomber au stress ? Le premier pas consiste à établir des priorités dans les préoccupations qui envahissent l'esprit. Plus on a de responsabilités, plus il devient essentiel de savoir ce qui est réellement important et ce qui ne l'est pas. Les gens qui réussissent établissent souvent des listes ou des organigrammes de tout ce qu'ils ont à faire et décident rapidement quelles tâches ils peuvent déléguer ou abandonner, quelles tâches ils doivent assumer eux-mêmes, et dans quel ordre. Cette activité prend parfois les allures d'un rituel qui, comme tous les rituels, sert en partie à rassurer la personne sur sa capacité de contrôle. John Reed, président de Citicorp, s'emploie chaque matin à mettre en ordre ses priorités. « J'adore faire des listes, dit-il, j'en ai en permanence une vingtaine toutes prêtes. Et quand par hasard j'ai cinq minutes à moi, je m'assieds et je fais des listes de choses dont je devrais me préoccuper… » Il n'est pas nécessaire d'être aussi systématique. Certaines personnes, faisant confiance à leur mémoire et à leur expérience, opèrent leurs choix de façon plus intuitive. L'important, c'est de mettre au point une stratégie personnelle pour instituer un ordre. Une fois les priorités définies, certains vont d'abord se débarrasser des dossiers les plus faciles et s'organiser avant de s'attaquer aux plus difficiles. D'autres procèdent à l'inverse parce que, après avoir éliminé le plus difficile, le reste ira de soi. Les deux stratégies sont valables, mais pour des personnes différentes. À chacun de déterminer celle qui lui convient le mieux.

La mise en ordre des différentes obligations présentes dans la conscience contribue à éviter le stress. L'étape suivante consiste à s'assurer que nous avons les capacités nécessaires pour accomplir telle ou telle tâche. Si le travail nous paraît au-dessus de nos forces, pouvons-nous le déléguer ? Sommes-nous capables d'acquérir le savoir-faire nécessaire à temps ? Allons-nous nous faire aider ? La tâche peut-elle être modifiée ou divisée en composants plus simples ? La réponse à l'une de ces questions suffira la plupart du temps à transformer une situation potentiellement stressante en une expérience optimale. Et cela ne dépend que de nous. Si nous réagissons passivement à la pression, comme un lapin hypnotisé par les phares d'une voiture, rien ne se passera. Il faut se concentrer pour hiérarchiser les tâches, analyser les moyens de les réaliser, mettre en œuvre des stratégies. C'est en contrôlant les situations que l'on échappera au stress. Et si tout le monde possède l'énergie psychique nécessaire, peu de gens apprennent à s'en servir utilement.

La carrière des individus créatifs fournit d'excellents exemples de l'adaptation du travail à accomplir à ses propres exigences. La plupart des créateurs ne suivent pas un chemin tracé d'avance mais inventent leur parcours au fur et à mesure. Les peintres et les musiciens se trouvent un style personnel. Les savants découvrent de nouveaux secteurs de recherche et permettent à leurs successeurs d'y faire carrière. Il n'y avait pas de radiologues avant Röntgen, pas de médecine nucléaire avant Yalow et ses collègues. Il n'y avait pas d'industrie automobile avant que des entrepreneurs comme Henry Ford fassent construire les premières chaînes d'assemblage. Certes tout le monde ne peut pas créer de nouveaux modes de production ; la plupart des gens doivent entrer dans une carrière déjà existante. Mais même le métier le plus routinier peut être modifié par le type d'énergie que les individus créatifs appliquent à tout ce qu'ils font.

Le biologiste George Klein, directeur d'un important centre de recherches sur les tumeurs au Karolinska Institute de Stockholm, est un bon exemple de cette attitude créative dans le travail. Klein aime énormément ce qu'il fait, à l'exception de deux choses. Il déteste les longues heures d'attente dans les aéroports auxquelles le contraignent ses fréquents déplacements, et il déteste tout autant rédiger les demandes de subventions aux organismes d'État qui financent les travaux de son équipe. Il subissait néanmoins ces deux contraintes, fatigantes, agaçantes, jusqu'au jour où il eut un éclair d'inspiration : pourquoi ne pas les combiner ? En rédigeant ses demandes de subvention pendant ses heures d'attente à l'aéroport, il diviserait par deux le temps consacré à des tâches ennuyeuses. Il acheta donc le meilleur dictaphone de poche qu'il put trouver et se mit à dicter ses lettres soit dans les salles d'attente, soit en faisant la queue à l'enregistrement. Ces aspects de son travail n'ont objectivement pas changé, mais en les combinant Klein a réussi à en faire, sinon un plaisir, du moins un jeu. Il s'efforce de dicter la plus grande partie de ses lettres avant de prendre l'avion, et au lieu d'avoir l'impression de perdre son temps, il s'amuse à relever un défi.

Dans les avions, on voit des dizaines d'hommes et de femmes occupés à travailler sur leur ordinateur portable, à aligner des colonnes de chiffres, à surligner les articles techniques qu'ils sont en train de lire. Cela signifie-t-il que, comme George Klein, ils prennent plaisir à associer déplacement et travail ? Tout dépend de l'état d'esprit dans lequel ils le font. Si c'est un choix, parfait. Mais s'ils se sentent obligés de travailler pendant leur voyage, c'est sans doute plus stressant qu'agréable, et ils feraient peut-être mieux de regarder les nuages en dessous d'eux, de lire un journal ou de bavarder avec leur voisin.

En dehors du travail, il existe un autre domaine dont l'impact sur la qualité de la vie est important : celui de nos relations avec autrui. Et ces deux domaines sont souvent en conflit ; quelqu'un qui aime son travail néglige parfois sa famille et ses amis, ou vice versa. Comme le dit l'inventeur Jacob Rabinow : « Je suis entièrement préoccupé par l'idée sur laquelle je travaille, je ne pense plus qu'à ça, et c'est comme si j'étais seul. Je n'écoute plus ce qu'on me dit [...]. On n'est plus là pour personne. On s'isole de tout le monde [...]. Si je n'étais pas inventeur et si j'avais un travail routinier, je passerais sans doute plus de temps à la maison et je serais probablement plus présent aux autres [...]. Peut-être que les gens qui n'aiment pas leur travail apprécient davantage leur foyer. »

Il y a du vrai dans cette remarque, et la raison en est simple. Étant donné que l'attention est une ressource limitée lorsqu'elle est mobilisée par un secteur, il n'en reste plus pour les autres.

Il est toutefois difficile d'être heureux lorsqu'on néglige l'un ou l'autre de ces secteurs. Bien des hommes mariés à leur travail en sont conscients et trouvent le moyen de compenser, soit en choisissant une épouse compréhensive, soit en s'arrangeant pour partager leur attention. Linus Pauling a été très clair à ce sujet : « J'ai eu la chance que ma femme considère comme un devoir et un plaisir de se consacrer à son mari et à ses enfants. Pour elle, la meilleure façon de m'aider était de faire en sorte que je n'aie pas à me préoccuper des problèmes domestiques, de s'en charger elle-même pour que je puisse me consacrer entièrement à mon travail. » Mais peu de gens – notamment parmi les femmes – peuvent s'estimer aussi heureux que Linus Pauling à cet égard.

La solution la plus réaliste consiste à trouver un juste équilibre entre travail et relations humaines. Car, si presque tout le monde affirme que la famille constitue le centre de l'existence, peu de gens – surtout parmi les hommes – se comportent comme si c'était le cas. La plupart des hommes mariés sont persuadés de consacrer l'essentiel de leur vie à leur famille, et matériellement, c'est sans doute vrai. Mais il ne suffit pas de remplir le réfrigérateur et d'acheter une belle maison pour faire le bonheur des siens. Un groupe d'individus reste uni grâce à deux types d'énergie : l'énergie matérielle fournie par la nourriture, la chaleur, l'argent, et l'énergie psychique, sous forme d'attention portée aux intérêts des autres. Si parents et enfants ne partagent pas des idées, des sentiments, des activités, des souvenirs et des rêves, leur relation ne tiendra que par la satisfaction de leurs besoins matériels. En tant qu'entité psychique, la famille n'existera qu'au niveau le plus primitif.

Curieusement, l'attitude la plus fréquente consiste à penser qu'une fois les besoins matériels satisfaits le reste va de soi ; la famille sera toujours un refuge chaleureux, harmonieux et sûr, au sein d'un monde hostile. Il n'est pas rare de voir des hommes de quarante à cinquante ans complètement désarçonnés par le départ de leur femme ou par les graves problèmes de leurs enfants. N'ont-ils pas toujours aimé leur famille ? N'ont-ils pas mis toute leur énergie à la rendre heureuse ? Bien entendu, ils n'avaient pas plus de cinq minutes par jour à lui consacrer, mais comment faire autrement, avec toutes les responsabilités qu'imposait leur métier…

Tout le monde admet que, pour réussir dans une profession, il faut y investir en permanence énormément d'énergie, mais, en ce qui concerne les relations familiales, nous partons du principe qu'elles sont naturelles et demandent par conséquent peu d'effort mental. L'épouse va continuer à nous encourager, les enfants à nous respecter – plus ou moins – parce que la famille, c'est comme ça. Les hommes d'affaires savent qu'une entreprise, même florissante, nécessite une attention constante parce que les conditions extérieures et intérieures évoluent sans cesse et nécessitent des ajustements. Ils n'ignorent pas que l'entropie est un risque permanent auquel, faute d'attention, l'entreprise peut succomber. Mais aux yeux de beaucoup d'entre eux, la famille fonctionne différemment – elle ne peut pas être touchée par l'entropie, elle est à l'abri des changements.

Ce point de vue était en partie justifié à l'époque où la famille était cimentée par des liens extérieurs relevant du pouvoir social et par des liens intérieurs de nature religieuse ou éthique. Les obligations contractuelles ont l'avantage de rendre les relations prévisibles et de limiter les dépenses d'énergie en excluant toute possibilité de choix, et par là même toute obligation de négociation. Lorsque le mariage était un engagement à vie, sa permanence n'exigeait aucun effort particulier. Aujourd'hui, son intégrité est devenue une question de choix personnel, et la famille ne peut subsister que par l'infusion régulière d'énergie psychique.

Sa structure est donc excessivement fragile, à moins qu'elle ne fournisse à ses membres des satisfactions réelles. Lorsque les interactions familiales sont source de flux, tout le monde a intérêt à ce qu'elles perdurent. Mais si l'on considère la famille comme allant de soi, on se préoccupe rarement de modifier les liens anciens dus à des obligations extérieures en liens nouveaux suscités par le plaisir d'être ensemble. Lorsque les parents rentrent chez eux fatigués par leur journée de travail, ils espèrent que la soirée en famille va les détendre et les revigorer sans leur demander d'efforts. Mais pour vivre le flux en famille, il faut s'y appliquer avec autant de soin que dans d'autres domaines.

L'écrivain canadien Robertson Davies explique l'une des raisons de la réussite de son mariage, contracté il y a quarante-cinq ans : « Shakespeare a joué un rôle déterminant dans notre relation, comme source inépuisable de citations, de blagues et de références. Je considère comme un vrai privilège d'avoir pu vivre tous les moments merveilleux que nous avons passés ensemble. C'était une sorte d'aventure, et elle n'est pas terminée. Nous n'avons pas fini de discuter, et je vous jure que dans un ménage la conversation compte plus que la sexualité. »

Ce qui permet à Davies et à son épouse de vivre l'expérience optimale, c'est la connaissance et l'amour de la littérature. Mais on peut remplacer Shakespeare par n'importe quoi, ou presque. Un couple de sexagénaires a retrouvé le plaisir d'être ensemble en courant le marathon ; d'autres en voyageant, en faisant du jardinage, en élevant des chiens. Lorsqu'on se prête mutuellement attention, lorsqu'on s'investit dans des activités communes génératrices de flux, on augmente ses chances de voir se resserrer les liens interpersonnels.

Le rôle de parent passe pour être l'une des plus belles choses de la vie. Mais ce n'est vrai que si l'on s'y adonne avec la même attention qu'à un sport ou à un art. Dans une étude sur le flux dans le rapport mère-enfant, Maria Allison et Margaret Carlisle Duncan donnent plusieurs exemples du plaisir qu'il peut procurer lorsque les mères y investissent de l'énergie psychique[8]. Voici comment une mère décrit les moments où elle vit le flux : « C'est quand je travaille avec ma fille, quand elle découvre quelque chose de nouveau. Une recette de gâteau qu'elle invente et réalise elle-même, un travail artistique qu'elle a fait et dont elle est fière. En ce moment, elle se passionne pour la lecture, et nous lisons ensemble. Elle me fait la lecture, ensuite c'est moi qui lis, et dans ces moments-là je perds le contact avec le reste du monde, je suis complètement absorbée. »

Pour connaître ce genre de plaisir en s'occupant d'un enfant, il faut savoir prêter attention à ce dont il est « fier », à ce qui le « passionne » et partager ces activités avec lui. À partir du moment où il existe une harmonie entre les intérêts des personnes concernées, où chacun investit de l'énergie psychique dans un but commun, la relation devient un plaisir.

Et cela est vrai d'un autre type d'interactions. Se savoir apprécié, par exemple, c'est retirer de son travail plus de satisfaction, alors que le sentiment d'incompréhension et d'isolement est une importante source de stress – querelles entre collègues, incapacité de communiquer avec ses supérieurs et ses subordonnés étant les fléaux les plus courants de la vie professionnelle. À la racine de ces conflits, il y a souvent une hypertrophie du moi et l'incapacité de prêter attention aux besoins des autres. Il est dommage de voir tant de gens détruire une relation en refusant simplement de reconnaître qu'ils serviraient mieux leurs propres intérêts en aidant les autres à réaliser les leurs.

Aux États-Unis, dans le monde du travail, le héros est un individu sans scrupules, un arriviste égotiste, et certains présidents-directeurs généraux, certains chefs d'entreprise se conforment malheureusement à cette image. Mais l'esprit de compétition agressif n'est pas la seule voie menant à la réussite. De fait, dans la plupart des sociétés stables et bien gérées, les patrons favorisent la promotion d'individus qui n'investissent pas toute leur énergie psychique dans la poursuite de leur réussite personnelle mais en consacrent une partie à la réussite de l'entreprise. Ils savent que, si les cadres sont tous des égoïstes aux dents longues, l'entreprise finira par en souffrir.

Keith est un exemple de ces cadres qui passent des années à tenter désespérément d'impressionner leurs supérieurs pour obtenir de l'avancement. Il travaillait soixante-dix heures par semaine, même quand ce n'était pas nécessaire, et négligeait complètement sa famille et son évolution personnelle. Il s'attribuait toujours le mérite des tâches accomplies, faisant ainsi de l'ombre à ses collègues et subordonnés. Mais, en dépit de ses efforts, il était toujours dépassé par un autre au moment des promotions. Finalement, Keith se résigna et décida de trouver ailleurs les satisfactions dont il avait besoin. Il passa plus de temps avec sa famille, se trouva un violon d'Ingres et s'impliqua dans des activités bénévoles. Dès lors, son attitude au travail se fit plus détendue, moins égoïste, plus objective. Il se conduisit en véritable chef, plus soucieux de la bonne marche de l'entreprise que de ses projets d'avancement. Et ses patrons s'en aperçurent. Reconnaissant que Keith était un bon élément, ils lui offrirent enfin le poste qu'il convoitait. Des histoires comme celle-là ne sont pas rares. Pour accéder à une position de responsabilité, mieux vaut donner la priorité à l'intérêt général qu'à son ambition personnelle.

Il est important d'avoir des relations professionnelles agréables, mais la qualité de la vie dépend aussi des multiples rencontres que l'on fait en dehors de son travail. Ce n'est pas aussi évident qu'il y paraît : chaque fois qu'on s'arrête pour parler à quelqu'un, il faut dépenser de l'énergie psychique, et on court le risque d'être rejeté, ridiculisé ou exploité. La plupart des cultures ont développé des systèmes permettant de faciliter les interactions sociales. Dans un pays où les relations familiales sont le principe d'organisation dominant, vous pouvez avoir le droit de blaguer avec vos belles-sœurs mais l'interdiction d'adresser la parole à votre belle-mère. Certaines sociétés hiérarchisées, comme celle de l'ancienne Chine, ont inventé des codes complexes de salutations et d'échanges conventionnels permettant aux gens de communiquer sans avoir besoin de se demander ce qu'ils doivent dire et comment. Les Américains ont élaboré un style de conversation qui convient à la mobilité et à la nature démocratique de leur société ; mais sa jovialité superficielle est tout aussi formaliste que celle des tribus africaines. Pour être enrichissante, une conversation doit apporter des informations ou des émotions nouvelles. Cela nécessite que les interlocuteurs se concentrent sur l'échange, échange qui nécessite une énergie psychique que nous ne sommes généralement pas disposés à investir. Pourtant, le flux que peut susciter une conversation est l'une des plus belles choses de l'existence.

Pour bien commencer une conversation il faut d'abord chercher à savoir quels sont les objectifs de l'autre personne : à quoi s'intéresse-t-elle ? quelles activités pratique-t-elle ? qu'a-t-elle déjà réalisé, réussi ? Si l'un de ces sujets mérite d'être creusé, l'étape suivante consiste à utiliser sa propre expérience ou expertise pour enrichir l'échange – sans essayer de dominer la conversation mais au contraire en tentant de la poursuivre conjointement. Une bonne conversation ressemble à une *jam session*, quand des jazzmen se mettent à improviser sur un thème connu en y introduisant des variations spontanées, créant ainsi une nouvelle composition.

Si notre travail et nos relations réussissent à nous faire vivre le flux, la qualité de notre quotidien s'en ressentira. Mais pour y arriver, il n'y a pas de truc, pas de raccourcis. Il faut s'impliquer à fond dans tout ce que l'on vit, entretenir notre curiosité, ne laisser aucun potentiel inexploité. La structuration d'un moi capable d'y parvenir est le sujet du chapitre suivant.

8

La personnalité autotélique

Une vie remplie d'activités optimales est sans doute plus intéressante à vivre qu'une vie passée à consommer passivement des loisirs. Voici comment une femme décrit ce que représente pour elle sa carrière[1] : « Être complètement absorbée dans ce qu'on fait et y prendre tellement de plaisir qu'on ne voudrait pas faire autre chose [...]. Je ne comprends pas comment les gens survivent s'ils ne ressentent pas ce genre de plaisir. » Ou bien, selon les mots de C. Van Woodward, dont le travail consiste à étudier les dynamiques sociales du sud des États-Unis : « Ça m'intéresse. C'est une source de satisfactions. Aller jusqu'au bout de quelque chose que l'on estime important. Sans cette conscience ou cette motivation, il me semble que l'existence serait morne et sans intérêt. Ce genre de vie ne me tente pas. L'oisiveté totale, n'avoir rien à faire qui mérite d'être fait – pour moi, ce serait le désespoir. »

Lorsque quelqu'un est capable d'affronter la vie avec un tel enthousiasme, de s'impliquer dans ce qu'il fait avec une telle ferveur, on peut dire de lui ou d'elle que c'est une personnalité autotélique.

« Autotélique » est un mot composé de deux racines grecques : *autos* (soi-même) et *telos* (but). Une activité est autotélique lorsqu'elle est entreprise sans autre but qu'elle-même. Par exemple, si je joue aux échecs pour le simple plaisir de jouer, c'est une expérience autotélique, alors que si je joue pour gagner de l'argent ou me placer dans une compétition, la même partie sera dite « exotélique » c'est-à-dire motivée par un but extérieur. Appliqué à une personnalité, l'adjectif autotélique qualifie un individu qui agit généralement pour lui-même, non pour atteindre un quelconque objectif extérieur.

Bien sûr, personne n'est cent pour cent autotélique car nous sommes tous obligés, par nécessité ou par devoir, de faire des choses qui ne nous plaisent pas. Mais on peut établir une gradation entre les gens qui n'ont presque jamais l'impression de se faire plaisir et ceux qui considèrent presque tout ce qu'ils font comme important et valable en soi. C'est à ces derniers que s'applique le qualificatif « autotélique ».

L'individu autotélique n'a pas un grand besoin de possessions, de distractions, de confort, de pouvoir ou de célébrité, car presque tout ce qu'il fait l'enrichit intérieurement. Comme il expérimente le flux dans son travail, sa vie familiale, ses relations avec les autres, quand il mange et même quand il est seul et inactif, il est moins dépendant des récompenses extérieures qui motivent les autres à se satisfaire d'un quotidien routinier, vide de sens. Il est plus autonome, plus indépendant, parce qu'on ne le manipule pas facilement à coups de menaces ou de récompenses extérieures. En même temps, il est plus impliqué dans tout ce qui l'entoure parce qu'il est pleinement investi dans le courant de la vie.

Mais comment savoir si quelqu'un est autotélique ou pas ? Le mieux, c'est d'observer la personne sur une longue période de temps, dans toutes sortes de situations différentes. Un test rapide comme ceux qu'utilisent les psychologues ne suffirait pas, et d'autant moins que, l'expérience optimale étant subjective, il serait relativement facile de truquer ses réponses. Un entretien prolongé ou un questionnaire serait mieux adapté, mais en ce qui me concerne, je préfère utiliser un mode d'évaluation plus indirect. Selon sa définition, le flux intervient lorsque la personne voit dans une situation donnée un défi important et qu'elle s'estime capable de le relever. L'une des façons de procéder consiste donc à demander aux gens de noter à quelle fréquence ils se trouvent dans des situations difficiles requérant de grandes capacités, pendant une semaine, avec la méthode ESM. On découvre alors que certaines personnes se disent en situation de flux 70 % du temps et d'autres moins de 10 %. On en déduit que les premiers sont plus autotéliques que les seconds.

Cette méthode permet de voir ce qui distingue les personnes dont les expériences sont surtout autotéliques de celles qui vivent rarement le flux. Nous avons par exemple sélectionné cent adolescents très doués et nous les avons divisés en deux groupes : cinquante dont les expériences-flux pendant la semaine étaient très nombreuses (le groupe autotélique) et cinquante dont les expériences-flux étaient rares (le groupe non autotélique). Ensuite, nous nous sommes posé la question : ces deux groupes d'adolescents emploient-ils leur temps différemment ? Les contrastes les plus signifiants entre les deux groupes apparaissent dans les figures 4-1 et 4-2. Tous les adolescents autotéliques passaient en moyenne 11 % de leur temps de veille à étudier, c'est-à-dire 5 % de plus que ceux de l'autre groupe. Les chiffres des pourcentages correspondant à peu près à des heures, on peut dire que pendant la semaine les adolescents autotéliques passaient 11 heures à travailler et les autres 6 heures.

Figure 4-1
POURCENTAGE DU TEMPS CONSACRÉ À DIVERSES ACTIVITÉS PAR DES ADOLESCENTS AUTOTÉLIQUES

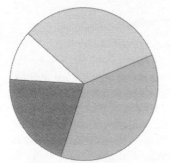

- Étude
- Violon d'Ingres
- Sports
- Télévision

Source : adapté d'Adlai-Gail, 1994.

Figure 4-2
POURCENTAGE DU TEMPS CONSACRÉ À DIVERSES ACTIVITÉS PAR DES ADOLESCENTS NON AUTOTÉLIQUES

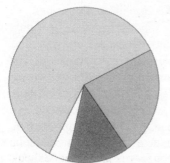

- Étude
- Violon d'Ingres
- Sports
- Télévision

Source : adapté d'Adlai-Gail, 1994.

Les autres différences concernent les violons d'Ingres : le premier groupe y consacrait presque le double de temps (6 % contre 3,5 %) ; et les sports (2,5 % contre 1 %). À l'inverse, le second groupe passait presque deux fois plus de temps devant la télévision que le premier (15,2 % contre 8,5 %). Des résultats très similaires et également signifiants ont été obtenus lors d'une étude récente sur un échantillon représentatif d'adolescents américains où 202 autotéliques étaient comparés à 202 non autotéliques. Cela montre que la façon d'employer son temps est une dimension importante de la personnalité autotélique. Distractions et loisirs passifs n'offrent pas beaucoup de défis. On apprend à vivre le flux en s'investissant dans des activités plus exigeantes, c'est-à-dire le travail intellectuel et les loisirs actifs.

Mais la qualité de l'expérience vécue est-elle meilleure pour les adolescents autotéliques que pour leurs pairs ? Le fait qu'ils se lancent des défis va de soi puisque nous les définissons en fonction de ce critère. La question qui se pose est donc de savoir si la fréquence des expériences-flux améliore l'ensemble de l'expérience subjective. La réponse est oui. La figure 5-1 présente les réponses moyennes, sur une semaine, de deux groupes, 202 adolescents autotéliques et 202 adolescents non autotéliques représentatifs des élèves du secondaire pendant qu'ils font leur travail scolaire ou un travail rétribué. Les résultats montrent que quand ils sont impliqués dans une activité productive, les jeunes du premier groupe se concentrent beaucoup plus, se sentent plus fiers d'eux et considèrent ce qu'ils font comme plus important pour leur avenir. Ce qui n'empêche pas les deux groupes de s'amuser autant et de se dire aussi heureux ou presque.

Figure 5-1

Qualité de l'expérience vécue pendant une semaine par un échantillon représentatif d'adolescents autotéliques et non autotéliques engagés dans des activités productives

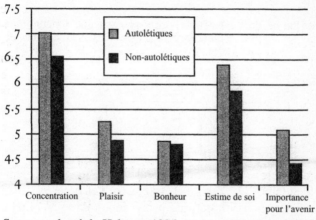

Source : adapté de Hektner, 1996.

En ce qui concerne la qualité de l'expérience vécue pendant les loisirs actifs, la figure 5-2 présente les différences entre les deux groupes. Premièrement, comme on pouvait s'y attendre, l'ensemble des jeunes éprouve plus de plaisir et de bonheur pendant ces loisirs que pendant les activités productives ; mais ils sont moins concentrés et estiment que ce qu'ils font a moins d'importance pour leur avenir. Les comparaisons entre les deux groupes (sauf pour le bonheur)

153

sont statistiquement signifiantes. Les autotéliques se concentrent davantage, s'amusent plus, sont plus fiers d'eux et voient plus de lien entre ce qu'ils font et leurs objectifs d'avenir. Tout cela correspond à ce qu'on pouvait prévoir. Mais pourquoi ne sont-ils pas plus heureux ?

Figure 5-2

Qualité de l'expérience vécue pendant une semaine par un échantillon représentatif d'adolescents autotéliques et non autotéliques engagés dans des activités de loisirs

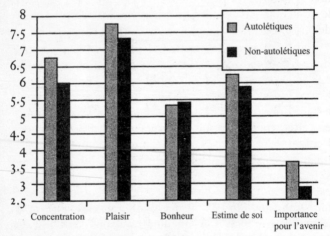

Source : adapté de Hektner, 1996.

Plusieurs décennies de recherches avec la méthode ESM m'ont appris que le bonheur n'est pas un très bon indicateur de la qualité de vie. Certains se disent heureux bien qu'ils n'aiment pas leur travail, que leur vie de famille soit inexistante et qu'ils passent tout leur temps à faire des choses sans intérêt. Nous sommes des créatures résistantes et apparemment capables de ne ressentir aucune tristesse, même quand la situation semble s'y prêter. Si l'on ne vit pas au moins un semblant de bonheur, à quoi bon continuer ? Les personnes autotéliques ne sont pas forcément plus heureuses mais, comme elles s'engagent dans des activités plus complexes, elles sont plus contentes d'elles-mêmes. Pour bien vivre, il ne suffit pas d'être heureux. L'important, c'est de faire des choses qui nous obligent à nous dépasser, à évoluer, à exprimer pleinement notre potentiel. Surtout quand on est jeune, car un adolescent content de ne rien faire a peu de chances de devenir un adulte heureux.

Autre découverte intéressante : le groupe des autotéliques passe nettement plus de temps en famille – environ quatre heures par semaine – que l'autre groupe. Cela explique en partie pourquoi ces jeunes ont appris à retirer plus de plaisir de ce qu'ils font. La famille joue en effet le rôle d'un environnement protecteur où l'enfant peut faire ses expériences dans une sécurité relative, sans timidité mais sans compétition ni nécessité de se défendre. Aux États-Unis, l'éducation des enfants a fait de l'indépendance précoce un but prioritaire : plus les adolescents quittent leurs parents tôt, tant affectivement que physiquement, plus ils sont censés être mûrs. Or la maturité précoce n'est pas forcément une bonne chose. Livrés trop rapidement à eux-mêmes, les jeunes peuvent facilement se sentir en danger et obligés de se défendre. On pourrait donc dire que plus le monde dans lequel ils doivent trouver leur place devient complexe, plus la période de dépendance nécessaire pour s'y préparer doit être longue. Bien sûr, cette « néoténie sociale[2] » n'est positive que si la famille est une unité relativement stable qui procure à l'adolescent stimulation et soutien ; rester dans une famille dysfonctionnelle ne lui ferait aucun bien.

L'une des caractéristiques des individus autotéliques, c'est que leur énergie psychique paraît inépuisable. Même si leurs facultés d'attention ne sont pas exceptionnelles, ils sont plus attentifs à ce qui ce passe, remarquent plus de détails et s'intéressent volontiers à quelque chose sans en attendre de récompense immédiate. Dans l'ensemble, nous avons tous tendance à économiser notre attention. Nous la réservons pour les choses sérieuses, les choses qui comptent ; nous ne nous intéressons qu'à ce qui peut augmenter notre bien-être. Les objets les plus dignes de notre attention, en dehors de notre personne, sont les êtres et les choses qui peuvent nous procurer un quelconque avantage matériel ou affectif. Il nous reste donc peu d'énergie psychique pour nous adapter aux mouvements du monde, pour nous laisser surprendre, pour apprendre, pour nous émouvoir, pour évoluer au-delà des limites fixées par notre égotisme.

Les individus autotéliques sont moins préoccupés d'eux-mêmes et investissent plus d'énergie psychique dans leur rapport à la vie. Kelly, l'une des adolescentes de notre étude qui notait dans son carnet ESM un grand nombre d'expériences optimales hebdomadaires, ne ressemble pas à ses camarades de classe. Elle ne pense pas sans arrêt aux garçons, aux vêtements ou à ses notes. Elle est fascinée par la mythologie et se décrit comme une « érudite celtique ». Elle travaille trois après-midi par semaine dans un musée où elle aide à classifier et à ranger des artefacts. Elle prend plaisir aux aspects les plus routiniers de son travail comme « mettre tout ça dans des casiers, ce genre de trucs », ce qui lui permet d'apprendre. Elle apprécie également beaucoup ses amis avec lesquels, après la classe, elle a de longues conversations sur la religion, sur la vie. Cela ne veut pas dire qu'elle soit altruiste ou effacée. Ses centres d'intérêt sont l'expression de sa personnalité unique, mais elle semble sincèrement passionnée par ce qu'elle fait, au moins en partie, pour le plaisir.

Les individus créatifs sont généralement autotéliques, eux aussi, et c'est parce qu'ils disposent d'un surplus d'énergie psychique à investir dans des choses apparemment triviales qu'ils font des découvertes. La neuropsychologue Brenda Miller décrit ainsi son attitude par rapport au travail, attitude que partagent d'autres scientifiques et des artistes engagés dans une recherche : « Je dirai que je n'établis pas de hiérarchie d'importance ou de grandeur, parce que chaque découverte nouvelle, même minuscule, est passionnante au moment où on la fait. » L'historienne Natalie Davis explique comment elle choisit ses sujets d'étude : « Je me prends de curiosité pour un problème. Ce problème s'ancre profondément en moi […]. Sur le moment, il me paraît terriblement intéressant […]. Je ne sais pas toujours pourquoi je m'y investis, sinon par curiosité et par plaisir. »

Après avoir perfectionné des moteurs d'avion et divers appareils électriques, l'inventeur Frank Hoffner s'est intéressé, à l'âge de quatre-vingt-un ans à la physiologie des cellules capillaires. Son enthousiasme offre un exemple parfait d'humilité devant les mystères de la vie, même les plus insignifiants : « Oh, j'adore résoudre des problèmes ! J'adore me demander pourquoi le lave-vaisselle tombe en panne, pourquoi la voiture ne démarre pas, comment fonctionnent les nerfs, n'importe quoi. En ce moment je travaille avec Peter sur le fonctionnement des cellules capillaires et, ah... c'est tellement passionnant... Peu importe la nature du problème. Du moment que je peux le résoudre, je m'amuse. C'est terriblement amusant de résoudre des problèmes, vous ne trouvez pas ? C'est ce qui donne du piquant à la vie, non ? »

Ces témoignages démontrent que l'intérêt des personnes autotéliques n'est pas seulement passif, contemplatif. Il implique une volonté de comprendre ou, dans le cas de l'inventeur, de résoudre des problèmes. Mais l'important, c'est que cet intérêt reste désintéressé ; qu'il ne soit pas entièrement au service d'un programme préétabli. Il faut que l'attention soit, au moins en partie, dénuée d'ambition et d'objectifs personnels, pour que nous ayons une chance d'appréhender la réalité selon ses propres termes.

Certains individus manifestent ce surplus d'attention très jeunes et ne cessent de se poser des questions sur ce qui les entoure. L'inventeur Jacob Rabinow a vu sa première automobile, dans la ville chinoise où il vivait alors, quand il avait sept ans. Il se souvient d'avoir immédiatement rampé sous la voiture pour voir comment les roues étaient actionnées par le moteur et d'être rentré chez lui pour sculpter dans du bois un engrenage différentiel et une boîte de vitesses. Et quand Linus Pauling parle de son enfance, il décrit ce que vivent la plupart des individus créatifs : « Quand j'avais onze ans, ce que j'aimais surtout, c'était lire. Vers l'âge de neuf ans... j'avais déjà lu la Bible et *De l'Origine des espèces...* de Darwin. À douze ans, j'avais un cours d'histoire ancienne au lycée – en sixième – et le livre m'a tellement plu qu'au bout de quelques semaines je l'avais dévoré jusqu'à la dernière page ; alors je me suis mis à chercher des informations sur le monde ancien dans d'autres livres. À onze ans, j'ai commencé à collectionner les insectes et à lire des ouvrages sur l'entomologie. À douze ans, j'ai voulu collectionner les minéraux. J'ai trouvé quelques agates – c'est à peu près tout ce que j'ai pu découvrir et reconnaître dans la Willamette Valley –, mais j'ai lu des livres sur la minéralogie et recopié dans des cahiers des tableaux sur les propriétés des pierres, couleur, dureté, veines et autres. Puis à l'âge de treize ans je me suis intéressé à la chimie. Cela m'avait beaucoup excité de découvrir que les chimistes pouvaient convertir certaines substances en d'autres substances dotées de propriétés complètement différentes... Que l'hydrogène et l'oxygène formaient de l'eau. Qu'avec du sodium et du chlore on obtenait du chlorure de sodium. Des substances tout à fait différentes des éléments qui les composaient. Depuis, j'ai passé beaucoup de temps à essayer de comprendre la chimie. Et ça revient à comprendre le monde, la nature de l'univers. »

Il est important de noter que Pauling n'était pas un enfant prodige qui épatait ses aînés par des capacités intellectuelles brillantes. Il poursuivait ses recherches seul, sans reconnaissance ni soutien extérieur. Dès le début de sa longue et productive existence, ce qui l'a déterminé, c'était la volonté de participer le plus pleinement possible à ce qu'il voyait autour de lui. Hazel Henderson, qui a consacré une partie de sa vie à fonder des organisations pour la défense de l'environnement, décrit avec enthousiasme l'attitude de joyeuse curiosité qui caractérise les gens comme elle : « Quand j'avais cinq ans – vous savez, cet âge où l'on commence à ouvrir les yeux, à regarder autour de soi et à se dire "Ouah ! quelle merveille ! Mais qu'est-ce qui se passe ? Qu'est-ce que je fais là ?" Cette question n'a jamais cessé de se poser à moi, toute ma vie. Et je ne m'en lasse pas ! C'est ce qui rend chaque jour tellement neuf… Tous les matins on se réveille et l'on se croit à l'aube de la création. »

Cependant, tout le monde n'a pas la chance de disposer d'autant d'énergie psychique que Pauling ou Henderson. On nous apprend à l'économiser, à réserver notre attention aux nécessités immédiates de l'existence, et il nous en reste peu pour nous intéresser à la nature de l'univers, à notre place dans le cosmos, à toutes ces choses qui ne peuvent pas être inscrites dans la colonne « profit » du grand livre de nos objectifs immédiats. Pourtant, sans intérêt désintéressé, la vie est inintéressante, il n'y a pas de place pour l'émerveillement, la nouveauté, les surprises, pour transcender les limites imposées par nos peurs et nos préjugés. Ceux qui n'ont pas développé leur curiosité dès l'enfance devraient penser à le faire maintenant, avant qu'il soit trop tard, pour améliorer la qualité de leur vie.

Ce n'est pas difficile, en principe, même si, dans la pratique, c'est un peu plus complexe. Mais cela vaut la peine d'essayer. Le premier pas consiste à prendre l'habitude de faire tout ce que nous devons faire avec compétence, avec une attention concentrée. Même les tâches les plus routinières comme passer l'aspirateur, s'habiller ou tondre la pelouse peuvent être enrichissantes si on les aborde avec le soin qu'on prendrait à exécuter une œuvre d'art. Le deuxième pas consiste à détourner chaque jour un peu d'énergie psychique d'occupations qui ne nous plaisent pas ou de loisirs passifs au profit de quelque chose que nous n'avons jamais fait ou qui nous plaît mais que nous ne trouvons jamais le moyen d'entreprendre. Il y a des milliards de choses potentiellement intéressantes à faire, à voir, à apprendre, dans ce monde. Mais elles ne deviennent effectivement intéressantes que si nous leur portons de l'attention.

Beaucoup de gens trouveront ce conseil inutile et diront que leur temps est déjà tellement rempli qu'ils n'ont absolument pas les moyens d'en faire plus. De nos jours, le manque de temps est l'une des choses dont tout le monde se plaint volontiers. Mais ce n'est bien souvent qu'une excuse pour ne pas prendre sa vie en main. Qu'est-ce qui est réellement nécessaire dans tout ce que nous faisons ? Combien de ces obligations pourraient être réduites si nous prenions la peine d'organiser, de hiérarchiser, de rationaliser les habitudes routinières qui dispersent notre attention ? Si nous laissons le temps nous filer entre les doigts, nous n'en aurons bientôt plus. Il faut apprendre à le gérer soigneusement, non pour nous assurer richesses et sécurité futures mais pour profiter de la vie ici et maintenant.

Pour mieux apprécier la vie, développer notre curiosité et cultiver des intérêts généraux, nous avons donc besoin de temps. Mais nous devons aussi acquérir un meilleur contrôle de notre énergie psychique. Au lieu d'attendre qu'un stimulus ou un défi extérieur retienne notre attention, il faut apprendre à la concentrer plus ou moins volontairement. Et cette capacité est reliée à l'intérêt par une rétroaction en boucle de causalité et de renforcement mutuels. En effet, si quelque chose vous intéresse, vous allez y porter votre attention, et si votre attention est centrée sur quelque chose, il est probable que vous commencerez à vous y intéresser.

Bien des choses qui nous paraissent intéressantes ne le sont pas par nature, mais parce que nous avons pris la peine de leur porter attention. Avant de commencer une collection, les insectes et les pierres ne sont pas particulièrement séduisants. Pas plus que ne le sont la plupart des individus tant que nous ne savons rien de leur vie ni de leurs idées. Courir le marathon, escalader des montagnes, jouer au bridge et lire, c'est assez ennuyeux, sauf si on investit assez d'énergie psychique dans ces occupations pour en explorer toute la complexité. Il suffit de se pencher sur n'importe quel fragment de réalité pour que se révèle une infinité de possibilités – physiques, intellectuelles, affectives – dans lesquelles s'investir. Il n'existe aucune excuse valable pour l'ennui.

Contrôler son attention[3], c'est contrôler l'expérience vécue, et donc la qualité de sa vie. L'information ne parvient à la conscience que si nous y sommes attentifs. L'attention joue le rôle d'un filtre entre les événements extérieurs et notre ressenti. L'impact des tensions auxquelles nous sommes soumis dépend plus du contrôle que nous exerçons sur notre attention que des événements eux-mêmes. Douleur physique, perte financière, rebuffade sociale nous touchent en proportion de l'attention que nous leur portons, de la place que nous leur attribuons dans notre conscience. Plus nous investissons d'énergie psychique dans un événement pénible, plus celui-ci devient réel et plus il induit d'entropie dans la conscience. Nier l'importance de ces événements, les refouler ou les interpréter en notre faveur n'est pas une solution non plus, parce que l'information va continuer à mijoter dans les replis de notre esprit, mobilisant de l'énergie psychique pour l'empêcher de parvenir à la conscience. Mieux vaut regarder la souffrance en face, la reconnaître, respecter sa présence et nous intéresser rapidement à des choses sur lesquelles nous avons choisi de concentrer notre attention.

Le professeur Fausto Massimi et son équipe ont réalisé une étude sur des personnes lourdement handicapées – aveugles ou paraplégiques[4] – à la suite d'une maladie ou d'un accident, et ils ont constaté que plusieurs de ces personnes s'étaient remarquablement adaptées à leur état, affirmant même que leur vie s'était améliorée à cause de leur handicap. Contrairement aux autres, ces personnes avaient décidé de garder le contrôle d'elles-mêmes en disciplinant sévèrement leur énergie psychique. Et elles ont pu vivre l'expérience optimale en exécutant les tâches les plus simples comme s'habiller, se déplacer dans leur appartement ou conduire une voiture. Certaines étaient même allées plus loin, devenant professeur de natation ou comptable, voyageant pour disputer des tournois d'échecs internationaux ou gagnant des championnats de tir à l'arc en fauteuil roulant.

On constate également cette capacité de transformer une situation tragique en une situation tolérable chez les victimes de terroristes qui survivent à un complet isolement ou chez des prisonniers de camps de concentration. Dans ces conditions extrêmes, l'environnement extérieur, « réel », est assez stérile et déshumanisant pour plonger la plupart des êtres dans le désespoir. Ceux qui survivent réussissent à s'abstraire des conditions extérieures et à diriger leur attention vers une vie intérieure qui n'est réelle que pour eux. C'est plus facile quand on connaît la poésie, la musique, les mathématiques ou tout autre système symbolique permettant de se concentrer et de travailler mentalement sans aucun support matériel visible.

De tels exemples montrent comment on apprend à contrôler son attention. En principe, tout talent ou toute discipline que l'on maîtrise seul peut servir : méditation ou prière si l'on choisit la voie spirituelle, gymnastique ou arts martiaux pour ceux qui préfèrent se concentrer sur leurs capacités physiques, bref, tout ce qui est fait avec plaisir et permet, avec le temps, d'approfondir ses connaissances. Le plus important, c'est d'avoir l'attitude juste en pratiquant ces disciplines. Si vous priez pour devenir un saint, si vous faites de l'exercice pour avoir de beaux pectoraux, si vous apprenez pour être un érudit, une bonne part du bénéfice sera perdue. Il faut donc pratiquer une activité par plaisir et en se fixant comme but, non un quelconque résultat, mais le contrôle à acquérir sur son attention.

D'ordinaire, ce sont nos instructions génétiques, les conventions sociales et notre éducation qui guident notre attention. Nous ne décidons pas nous-mêmes de ce qui va la retenir, des informations qui vont atteindre notre conscience. Résultat, notre vie ne nous appartient pas vraiment ; la plupart des expériences que nous vivons ont été programmées pour nous. Nous apprenons ce qu'il faut regarder ou négliger ; ce qu'il faut retenir ou oublier ; ce qu'il faut ressentir à la vue d'une chauve-souris, d'un drapeau ou d'un croyant d'une autre religion ; nous apprenons au nom de quoi il faut vivre, au nom de quoi il faut mourir. Au fil des années, nous n'allons vivre que les expériences programmées pour nous par la biologie et la culture. La seule façon de reprendre possession de notre vie, c'est d'apprendre à diriger notre énergie psychique pour servir nos intentions personnelles.

9

L'amour du destin

Que cela nous plaise ou non, notre vie imprime sa marque sur l'univers. La naissance de chaque individu provoque dans l'environnement social des ondes qui vont s'élargissant. Proches parents, famille éloignée et amis en sont affectés, et à mesure que l'individu grandit, ses actes suscitent des myriades de conséquences, voulues ou non. Ses décisions de consommateur font une légère différence dans l'économie, ses choix politiques affectent l'avenir de sa communauté, et chacune de ses actions, bonne ou mauvaise, modifie subtilement la qualité globale du bien-être de l'humanité. Ceux qui vivent de façon autotélique contribuent à réduire l'entropie dans la conscience des gens qu'ils côtoient ; ceux qui consacrent toute leur énergie à la compétition pour les ressources et à l'hypertrophie de leur moi accroissent l'entropie générale.

Sans la conscience d'appartenir à une dimension plus vaste et plus permanente que soi-même, il est impossible d'optimiser sa vie. Toutes les religions qui ont donné un sens à l'existence des hommes s'accordent à le dire. Aujourd'hui, grisés par les formidables progrès accomplis grâce à la science et à la technologie, nous

166

risquons fort d'oublier cette idée. Aux États-Unis et dans d'autres sociétés technologiquement avancées, l'individualisme et le matérialisme ont presque entièrement remplacé les valeurs spirituelles et le sentiment d'allégeance à la communauté.

Il est significatif que le docteur Spock, dont les conseils sur l'éducation des enfants ont énormément influencé au moins deux générations de parents, se mette à douter, au crépuscule de sa vie, qu'il ait été avisé d'inculquer aux enfants un individualisme forcené. Il estime aujourd'hui essentiel de leur apprendre à travailler pour le bien commun et à apprécier la religion, l'art et autres aspects sublimes de l'existence.

Car d'innombrables indices nous permettent de constater à quel point nous sommes imbus de nous-mêmes. Voyez par exemple le nombre de gens qui, incapables de former ou d'entretenir des liens solides avec un partenaire, se retrouvent seuls. Ils représentent cinquante pour cent de la population des villes. Enquête après enquête, les personnes interrogées évoquent aussi la désillusion croissante à l'égard des institutions autrefois respectées et de ceux qui les dirigent.

De plus en plus, nous donnons l'impression de nous cacher la tête dans le sable pour ne pas entendre les mauvaises nouvelles, barricadés dans des quartiers réservés, sous la protection des armes. Mais nul ne saurait vivre une vie de qualité en restant à l'écart d'une société corrompue, comme le disait déjà Socrate et comme l'ont découvert tous ceux qui ont vécu sous une dictature. Ce serait tellement plus facile si nous n'étions responsables que de nous-mêmes. Malheureusement, c'est impossible. Pour bien vivre sa vie, il faut prendre une part de responsabilité dans le devenir de l'humanité et dans la communauté qui est la nôtre[1].

Mais le réel défi qui nous est proposé, c'est de réduire l'entropie autour de nous sans l'augmenter dans notre conscience. Les bouddhistes ont une formule qui pourrait servir d'exemple : « Agis toujours comme si l'avenir de l'univers dépendait de tes actes, sans oublier de rire à l'idée que tes actes puissent avoir la moindre importance. » Cet état d'esprit à la fois sérieux et espiègle, cette combinaison de responsabilité et d'humilité permet d'être en même temps engagé et libre. L'adopter, c'est ne plus avoir besoin de gagner pour être heureux ; contribuer à maintenir l'ordre dans l'univers devient en soi une récompense. On peut alors trouver la joie, même en combattant pour une cause perdue d'avance.

Si l'on veut sortir de cette impasse, le premier pas consiste à mieux connaître son « moi » – l'image que chaque individu se forme de ce qu'il est[2]. Sans « moi » nous n'irions pas très loin. Malheureusement, dès sa formation, dans la petite enfance, le moi s'empresse de contrôler l'ensemble de la conscience. Le prenant pour l'essence de notre être, nous nous identifions à lui, et il finit par nous apparaître – sinon à tous, du moins à certains – comme le seul contenu de la conscience digne de notre attention. Nous courons alors le risque que toute notre énergie psychique serve à satisfaire les besoins de l'entité imaginaire que nous avons nous-mêmes créée. Le mal n'est pas grand si ce moi est une entité raisonnable. Mais les enfants maltraités se construisent bien souvent une image désespérée, vindicative d'eux-mêmes ; les enfants gâtés mais sans amour peuvent développer un moi narcissique. L'ego devient parfois insatiable ou se forme une perception totalement exagérée de son importance. Or quelle que soit la distorsion de leur moi, les gens se sentent obligés de satisfaire leurs besoins. S'ils estiment mériter plus de pouvoir, d'argent, d'amour ou d'aventure, ils feront tout leur possible pour les obtenir, même au détriment de leur bien-être futur. L'énergie psychique de ces êtres, dirigée par un ego distordu, va probablement provoquer autant d'entropie à l'extérieur que dans leur conscience.

Dénué de moi, l'animal agit pour satisfaire ses besoins biologiques, mais sans aller beaucoup plus loin. Il va attaquer une proie, défendre son territoire, se battre pour une femelle, et ensuite il se reposera. Mais l'homme qui possède une image de lui-même fondée sur le pouvoir ou la richesse est capable de tout pour les obtenir. Il poursuivra sans relâche le but imposé par son ego, même s'il doit y perdre la santé, même s'il doit détruire d'autres individus sur son passage.

Il n'est donc pas surprenant que tant de religions aient rendu l'ego responsable du malheur des hommes. Certaines conseillent une solution radicale qui consiste à neutraliser l'ego en ne le laissant pas nous dicter ses désirs. Si nous renonçons à la satisfaction de nos besoins, nourriture, sexualité et toutes les vanités qui font agir les hommes, l'ego n'aura plus l'occasion d'intervenir et il va peu à peu s'atrophier et mourir. Mais il est impossible de survivre une fois l'ego éliminé. Il faut donc adopter une attitude moins radicale, apprendre à connaître son « moi » et à comprendre ses singularités. Nous saurons alors distinguer entre les besoins réellement utiles pour naviguer dans la vie et ces excroissances malignes qui s'y développent et nous gâchent la vie.

Interrogé sur l'obstacle le plus difficile à vaincre dans sa carrière, le romancier Richard Stern a répondu : « Je crois que c'est l'aspect le plus moche de moi-même, ce mélange de vanité et d'orgueil, l'impression de ne pas être traité à ma juste valeur, la comparaison avec les autres, tout ça. J'ai fait énormément d'efforts pour y mettre bon ordre. Et j'ai eu la chance de vivre suffisamment de choses positives pour m'aider à contrecarrer des tendances bilieuses et vindicatives... qui ont paralysé certains de mes collègues, bien plus doués que moi. J'ai reconnu qu'elles étaient en moi. Et j'ai dû apprendre à les contrecarrer. Je dirais que le principal obstacle c'est toujours soi-même. »

En effet, l'obstacle majeur à la qualité de la vie, c'est l'ego. Mais si nous apprenons à vivre avec lui et à trouver, comme Ulysse, le moyen de résister aux sirènes de ses désirs, il peut devenir un ami, une aide, la pierre sur laquelle bâtir une vie enrichissante. Voyons comment Stern s'y est pris pour apprivoiser un ego débridé et lui faire réaliser un travail créatif : « Bien sûr, je sais qu'il y a en moi des choses... mauvaises, méchantes, tordues, fragiles, etc. Mais je peux en faire des forces... je peux les transformer. Ce sont des forces potentielles. Et comme je l'ai déjà dit, l'écrivain se sert de ces choses-là, c'est sa matière première. »

Il faut être un artiste pour transformer « l'aspect le plus moche » de soi-même en une compréhension profonde de la condition humaine. Mais nous avons tous la possibilité d'utiliser l'ambition, le besoin d'être aimé – et même l'agressivité – de manière constructive, sans nous laisser emporter par ces tendances. Une fois démasqués, nos démons cessent de nous faire peur. Au lieu de les prendre au sérieux, nous pouvons considérer leur arrogance avec un sourire indulgent.

Nous ne sommes pas obligés de satisfaire leur faim insatiable, sauf si cela nous aide à accomplir quelque chose de valable.

C'est plus facile à dire qu'à faire, bien sûr. Il y a quelque trois mille ans, l'oracle de Delphes a donné ce conseil : « Connais-toi toi-même. » Depuis, tous ceux qui y ont réfléchi sont arrivés à la conclusion que maîtriser son ego était effectivement un préalable à la qualité de la vie. Pourtant, nous avons fait bien peu de progrès dans ce domaine. Ceux qui vantent le plus bruyamment les vertus de l'oubli de soi-même sont bien souvent motivés par l'ambition et l'appât du gain.

Au XXe siècle, la notion du « connais-toi toi-même » a été largement réduite à l'analyse freudienne. Influencée par le cynisme radical de l'entre-deux-guerres, la psychanalyse a limité ses vues en offrant la connaissance du « moi », mais sans dire à quoi elle pouvait servir une fois obtenue. Et l'analyse freudienne, malgré sa profondeur, ne permet de révéler que certains des traquenards dans lesquels tombe fatalement l'ego : la tendance à vouloir réorganiser le triangle familial et la répression de la sexualité qui en découle. Si important que soit l'apport de la psychanalyse, il a malheureusement contribué à donner une fausse sécurité aux gens qui ont cru qu'en exorcisant un traumatisme infantile ils allaient trouver le bonheur. Hélas, l'ego est bien plus malin, bien plus complexe que cela !

La psychothérapie repose essentiellement sur la quête des souvenirs et leur évocation en présence d'un analyste expérimenté. Ce processus de réflexion guidée peut être fort utile et il rappelle, dans sa forme, l'injonction de l'oracle delphique. La difficulté commence lorsque la popularité de cette forme de thérapie incite les individus à croire que l'introspection et les ruminations sur le passé vont leur permettre de résoudre leurs problèmes. Or, les lentilles à travers lesquelles ils regardent leur passé sont précisément déformées par ces mêmes problèmes. Il faut un thérapeute réellement talentueux et une longue pratique pour que cette réflexion porte ses fruits.

En outre, la tendance à la rumination qu'encourage notre société narcissique risque de compliquer encore les choses. La recherche effectuée avec la méthode ESM montre que, lorsque les gens s'interrogent sur eux-mêmes, ils commencent par avoir des pensées déprimantes. Alors que dans le flux on s'oublie facilement, dans les situations d'oisiveté, d'inquiétude ou d'ennui le moi reprend le devant de la scène. Si, donc, nous ne maîtrisons pas parfaitement l'art de la réflexion, « penser à nos problèmes » ne peut que les aggraver au lieu de les améliorer.

La plupart du temps, les gens réfléchissent sur eux-mêmes à partir du moment où quelque chose ne va pas. Ils entrent donc dans un cercle vicieux où l'anxiété du moment colore le passé, et où les souvenirs pénibles rendent le présent encore plus morose. Pour éviter cela, on peut prendre l'habitude de penser à sa vie quand tout va bien, quand on est d'humeur optimiste. Mais le mieux, c'est encore d'investir son énergie psychique dans des buts et des relations qui vont harmoniser le moi indirectement. Lors d'un échange générateur de flux, la rétroaction est concrète, objective, et nous procure une sensation de bien-être intérieur sans que nous l'ayons cherché.

Pour vivre l'expérience optimale, il est utile d'avoir un but clairement défini – non parce que la réalisation de ce but est importante en soi, mais parce que sans but il est difficile de se concentrer. Si quelqu'un se fixe comme objectif d'atteindre le sommet d'une montagne, ce n'est pas forcément parce qu'il a le désir profond d'y arriver mais parce cela rend son escalade possible. S'il ne visait pas le sommet, l'entreprise se réduirait à une errance sans objet et peu satisfaisante.

Il est amplement prouvé que, même sans aller jusqu'à l'expérience optimale, le simple fait d'être en accord avec ses objectifs permet de se sentir mieux. Par exemple, se retrouver avec des amis est, d'une façon générale, plutôt agréable, surtout si c'est ce qu'on a envie de faire sur le moment. Mais si l'on se reproche de ne pas être en train de travailler, le temps passé avec des amis n'a plus la même valeur positive. À l'inverse, même un travail sans intérêt nous apporte plus de satisfaction si nous le replaçons dans le cadre de nos intentions.

Ces réflexions permettent de penser que, pour améliorer la qualité de sa vie, il faut apprendre à revendiquer ses actes. Une bonne partie de ce que nous faisons (plus des deux tiers, en moyenne) est constituée d'obligations ou d'activités superflues. Nous nous sentons manipulés comme des marionnettes. Comment, dans ces conditions, ne pas avoir l'impression de gaspiller notre énergie psychique ? Et pourquoi n'avons-nous pas le désir de faire plus de choses par nous-mêmes ? Le simple fait de vouloir canaliser notre attention établit des priorités dans la conscience et crée ainsi un sentiment d'harmonie intérieure.

Dans la vie, nous sommes obligés de faire toutes sortes de choses que nous considérons comme des corvées – assister à des réunions, sortir la poubelle ou régler les factures. Certaines sont inévitables ; si malins que nous soyons, nous n'y couperons pas. Nous avons donc le choix de nous y mettre de mauvaise grâce, en renâclant, ou de bonne grâce, avec le sourire. Dans les deux cas, les corvées seront faites, mais avec des résultats différents. Même ce que nous détestons le plus peut être transformé en défi : par exemple tondre la pelouse le mieux et le plus vite possible. Le simple fait de se fixer un but rend la tâche à accomplir moins pénible.

Il y a dans la philosophie de Nietzsche un concept qui illustre bien cette attitude vis-à-vis de nos choix, celui d'*amor fati* – ou amour du destin. À propos de la réalisation de l'être humain, par exemple, Nietzsche écrit : « Ma formule pour décrire la grandeur de l'être humain est *amor fati* : vouloir que rien ne soit différent ni avant, ni après, ni de toute éternité… Non seulement s'accommoder de ce qui doit être… mais l'aimer. » Et : « Je veux apprendre, de plus en plus, à voir la beauté dans ce que les choses ont de nécessaire ; alors je serai au nombre de ceux qui rendent les choses belles. »

Les travaux d'Abraham Maslow l'ont amené à des conclusions similaires. Se fondant sur ses observations cliniques et ses entretiens avec des personnes qu'il considérait comme épanouies, notamment des savants et des artistes, il a estimé que les processus de croissance provoquaient des expériences intenses et enrichissantes. Parmi celles-ci, la cohérence entre « moi » et environnement dont il parle comme d'une harmonie entre « nécessité intérieure » et « nécessité extérieure » ou entre « je veux » et « je dois ». Lorsque cette harmonie est réalisée, « on accepte librement, joyeusement et de bon cœur ses déterminants. On choisit et on veut son destin ».

Le psychologue Carl Rogers propose une perspective tout à fait comparable. Voici comment il décrit ce qu'il appelle l'individu pleinement fonctionnel : « Il veut, il choisit la ligne d'action qui est le vecteur le plus économique par rapport à tous les stimuli internes et externes, parce que c'est ce comportement qui sera le plus profondément satisfaisant. » C'est pourquoi, poursuit-il : « La personne pleinement fonctionnelle [...] ne se contente pas de vivre la plus entière liberté, elle s'en sert également, lorsqu'elle veut et choisit spontanément, délibérément ce qui est entièrement déterminé. » L'amour du destin correspond donc à la volonté de revendiquer ses actes, qu'ils soient spontanés ou imposés de l'extérieur. Et cette attitude permet à l'individu de grandir en lui procurant le sentiment de joie sereine qui délivre de l'entropie liée à la vie quotidienne[3].

La qualité de la vie s'améliore effectivement si l'on apprend à aimer l'inéluctable, Nietzsche et les autres avaient raison. Mais rétrospectivement on peut commencer à voir les limites de la « psychologie humaniste » dont Maslow et Rogers furent les porte-parole éminents. Pendant les glorieuses années de l'après-guerre, lorsque régnaient la paix et la prospérité, on était fondé à croire que la réalisation de soi ne pouvait avoir que des conséquences positives. Il n'était pas nécessaire d'établir des comparaisons désobligeantes entre différentes façons de s'épanouir, de se demander si un système de valeurs était meilleur qu'un autre – ce qui comptait, c'était d'y aller, de faire, de se réaliser. Le brouillard de notre optimisme arrondissait tous les angles, et nous pouvions croire que le seul mal consistait à ne pas se réaliser soi-même.

Malheureusement, les gens apprennent aussi à aimer ce qui est destructeur pour eux-mêmes et pour les autres. Les jeunes arrêtés pour vandalisme ou pour vol n'ont souvent pas d'autre motivation que l'excitation provoquée par leurs actes. Certains anciens combattants disent n'avoir jamais éprouvé le flux aussi intensément que derrière leur mitrailleuse, en première ligne. Pendant qu'il travaillait à mettre au point la bombe atomique, le physicien Robert J. Oppenheimer[4] parlait avec passion du « problème exquis » qu'il s'efforçait de résoudre. D'après tous les témoignages, Adolf Eichmann prenait plaisir à organiser la logistique permettant de déporter les juifs vers les camps d'extermination. Ces exemples ont évidemment des implications morales très différentes, mais ils démontrent que le plaisir n'est pas une justification suffisante pour faire ce que l'on fait.

Le flux est une source d'énergie psychique en ce sens qu'il canalise l'attention et motive l'action. Comme d'autres formes d'énergie, il est neutre, il peut être employé à des fins constructives ou destructives. Le feu peut servir à se chauffer quand il fait froid ou à incendier la maison. Même chose pour l'électricité ou l'énergie nucléaire. Rendre une énergie disponible pour répondre à des besoins humains est une belle chose, mais ne dispense pas d'apprendre à s'en servir à bon escient. De même, pour bien vivre, il ne suffit pas de se fixer des buts plaisants, il faut aussi que ces buts contribuent à réduire la somme totale de l'entropie dans le monde.

Comment déterminer de tels buts et où les trouver ? Certaines religions se sont chargées de définir ce qu'est l'entropie en ce qui concerne les affaires humaines. Elles l'ont appelée le « péché », c'est-à-dire tout comportement qui porte atteinte à la personne, à la communauté ou à ses valeurs. Toutes les sociétés qui ont survécu ont dû définir des buts positifs pour canaliser l'énergie de leur peuple ; pour faire adopter ces objectifs positifs, elles ont inventé des êtres surnaturels qui communiquaient les règles du bien et du mal au moyen de visions, d'apparitions et de textes dictés à des individus tels que Moïse, Mahomet ou Joseph Smith. Ces buts ne pouvaient pas être choisis en fonction du seul présent, car si nos actes n'avaient que des conséquences observables pendant notre temps de vie, nous aurions raison de rechercher le maximum de plaisirs et d'avantages matériels, par tous les moyens possibles, même cruels. Mais si tout le monde se laissait guider par son intérêt, aucune communauté n'y résisterait, c'est pourquoi les religions ont dû décrire ce qui arriverait aux « pécheurs » : se réincarner en une forme de vie inférieure, être oubliés ou aller brûler en enfer.

L'un des principaux défis proposés à notre époque est de trouver les assises d'une nouvelle transcendance qui soit cohérente avec tout ce que nous savons par ailleurs sur le monde. Un nouveau mythe qui donne du sens à notre vie, si vous voulez, et qui soit à la fois utile pour le présent et pour l'avenir proche, comme les mythes anciens fondés sur des images, des métaphores et des faits ont aidé nos ancêtres à expliquer leur réalité. Il se peut que dans l'avenir des prophètes affirment pouvoir nous guider, mais je doute qu'ils soient écoutés ou crus. Car, depuis que nous dépendons de la science pour résoudre les problèmes matériels et de la démocratie pour régler les conflits politiques, nous avons appris à nous méfier des solutions apportées par un individu isolé, si inspiré soit-il. Certes, le culte de la personnalité est encore vivace, mais il est tempéré par un scepticisme salutaire. Pour être convaincante, une révélation devrait comporter cet élément de consensus que nous attendons aujourd'hui de toute vérité scientifique, de toute décision démocratique.

Au lieu d'attendre un prophète, essayons de trouver, dans les connaissances lentement accumulées par les savants de toutes sortes, les fondations sur lesquelles bâtir une vie de qualité. Nous sommes assez informés sur la façon dont fonctionne notre univers pour savoir quels types d'actions favorisent l'accroissement de l'ordre et de la complexité, quels types d'actions mènent à la destruction. Nous sommes en train de redécouvrir à quel point les formes de vie dépendent les unes des autres et de leur environnement ; avec quelle précision chaque action produit une réaction équivalente ; combien il est difficile de créer de l'ordre et de l'énergie, combien il est facile de gaspiller cette énergie dans le désordre. Nous constatons que nos actes n'ont pas toujours des conséquences immédiatement visibles mais peuvent provoquer des connexions lointaines, parce que tout ce qui existe fait partie d'un système interconnecté. Tout cela a déjà été dit, d'une manière ou d'une autre, par différentes religions – celle des Indiens des plaines, par le bouddhisme, le zoroastrisme et de nombreux autres systèmes de croyances fondés sur une observation attentive de la vie. L'apport de la science contemporaine se limite à la formulation des mêmes faits dans un langage reconnu, valorisé par notre époque.

Mais la science contient également, à l'état latent, des idées tout à fait passionnantes. Les implications de la relativité, par exemple, indiquent peut-être une voie de réconciliation entre les religions monothéistes qui se sont largement développées au cours des deux derniers millénaires et les formes de croyance polythéistes, plus fragmentaires, qu'elles ont remplacées. Le polythéisme avait le désavantage de susciter dans l'esprit des hommes beaucoup de confusion, et de disperser l'attention entre différentes entités en perpétuelle compétition – esprits, démiurges, démons et dieux ayant chacun leur caractère et leur sphère d'autorité. Le postulat d'un Dieu unique, proposé par les israélites, les chrétiens et les musulmans, permit de réordonner la conscience des croyants, libérant ainsi une fantastique quantité d'énergie psychique et écartant les autres cultes. Cependant, en instituant une autorité suprême unique, le monothéisme se condamnait à développer des tendances rigides, dogmatiques.

Ce que suggèrent la relativité et la découverte des géométries fractales, c'est que la même réalité peut se présenter sous différentes formes ; la perspective de l'observateur, l'angle de vision, le cadre temporel et l'échelle d'observation permettent en effet de découvrir des images extrêmement diverses de la même vérité sous-jacente. Il est donc inutile de taxer d'hérésie ces représentations et ces idées, différentes de celles que nous connaissons depuis l'enfance, car elles restent valides en tant que manifestations temporaires d'un processus sous-jacent unique d'une complexité infinie.

Parmi les thèses qui restent pertinentes, beaucoup sont liées à la théorie de l'évolution. Curieusement, alors que les observations de Darwin étaient considérées comme des remises en cause de la religion chrétienne, l'idée que les systèmes écologiques et la structure des organismes tendent vers une complexité croissante a permis à certains scientifiques de supposer que l'univers, loin d'être dominé par le chaos, recèle un sens caché. L'un des premiers à exprimer cet espoir fut le paléontologue jésuite Pierre Teilhard de Chardin qui donne, dans *Le Phénomène humain*, une description lyrique – peut-être un peu trop lyrique – de l'évolution, depuis la poussière d'atomes primitive jusqu'à l'unification de l'esprit et de l'âme dans ce qu'il appelle le point oméga et qui reprend le concept traditionnel de la fusion des âmes avec l'Être suprême, au paradis.

Si la plupart des scientifiques raillèrent la vision de Teilhard de Chardin, certains parmi les plus aventureux – dont C. H. Waddington, Julian Huxley et Theodosius Dobzhansky – la prirent au sérieux. Sous une forme ou sous une autre, la complexité de l'évolution apparaît comme un mythe suffisamment solide pour y ancrer sa foi. Jonas Salk, par exemple, l'inventeur du vaccin antipolio, qui se considérait autant comme un artiste et un humaniste que comme un savant, a consacré les dernières années de sa vie à essayer de comprendre comment la vie passée pouvait détenir la clé de la vie future. Voici ce qu'il écrit : « J'ai continué à m'intéresser à des… questions plus fondamentales sur la créativité […]. Je nous considère comme un produit du processus de l'évolution, de l'évolution créatrice, même. Nous sommes devenus ce processus, ou une partie de ce processus. Et en me plaçant dans cette perspective, je me suis intéressé à l'évolution universelle, le processus en lui-même tel qu'il se manifeste dans ce que j'appelle l'évolution prébiologique, ou évolution du monde physique, chimique ; l'évolution biologique et l'évolution métabiologique du cerveau-conscience. Et j'ai commencé à écrire sur ce que j'appelle l'évolution télélogique, ou évolution dirigée vers un but. Si bien que mon intention actuelle, pourrait-on dire, est d'essayer de dégager l'intentionnalité de l'évolution, de la créativité. »

Il est trop tôt pour voir ce qui se cache derrière ces nouveaux horizons à peine dégagés. Mais des écrivains et des savants commencent à élaborer une vision qui pourrait ouvrir des perspectives d'avenir. Dans les livres pour enfants de Madeleine L'Engle, par exemple, on peut lire des histoires où il se passe, dans les cellules du corps, les mêmes luttes qu'entre des personnages humains, lesquelles reflètent à leur tour des conflits entre êtres surnaturels. L'auteur est parfaitement consciente de la dimension éthique de ce qu'elle écrit. Même quand ses personnages souffrent et sont sur le point de succomber aux forces du Mal, dit-elle. « Il faut qu'ils s'en sortent, qu'ils retrouvent l'espoir. Je n'aime pas les histoires sans espoir. Les livres qui vous font dire "Ah, la vie ne vaut pas la peine d'être vécue." Je veux que mes lecteurs puissent penser : "ouais, c'est difficile, mais ça vaut la peine d'essayer, et en plus on s'amuse". »

John Archibald Wheeler, l'un des physiciens les plus éminents du XXᵉ siècle, s'interroge sur le rôle vital que jouent les hommes dans l'élaboration du monde matériel qui semble exister objectivement autour de nous et en dehors de nous. Benjamin Spock, pédiatre bien connu, s'efforce de redéfinir la spiritualité dans des termes adaptés à notre époque. Et certaines gens s'inventent tout bonnement une philosophie personnelle dans laquelle leur existence n'est qu'une incarnation passagère du cours éternel de la vie. Hazel Henderson, économiste et militante, dit par exemple :

« À un certain niveau, j'ai l'impression d'être une extraterrestre. Je suis sur terre en visite, pour un temps. Et sous une forme humaine. Affectivement, je suis très attachée à cette espèce. Et j'ai choisi cette époque pour m'incarner. Mais il y a aussi en moi une dimension infinie. Je n'ai aucun mal à me représenter les choses de cette façon-là, même si c'est un peu flippant. Pour moi, il s'agit d'une pratique spirituelle. »

On pourrait croire que ce paganisme triomphant n'est rien d'autre qu'un retour aux superstitions de jadis, assorti de croyances comme la réincarnation, les enlèvements par des extraterrestres ou les perceptions extrasensorielles. Mais la différence, c'est que les adeptes du folklore New Age y croient dur comme fer, alors que les personnes dont je parle savent qu'elles s'expriment de façon métaphorique et recourent à des approximations pour évoquer une réalité sous-jacente à laquelle elles croient sans pouvoir l'expliciter. Loin d'elles l'idée de réifier leurs intuitions en les prenant au pied de la lettre. Elles sont conscientes de la nature évolutive de connaissances qui, dans quelques années, devront peut-être être formulées dans des termes complètement différents[5].

Penser que l'évolution nous aide à envisager l'avenir par référence au passé, c'est une chose, mais croire qu'elle nous donne des directions pour infléchir notre vie et la rendre plus belle, c'en est une autre. Si les religions traditionnelles ont exercé une telle influence sur la conscience humaine, c'est sans doute en partie parce qu'elles ont personnalisé les forces cosmiques, en affirmant par exemple que Dieu nous a créés à Son image, ce qui a permis à des milliers de peintres de Le représenter sous les traits d'un patriarche bienveillant.

C'est peut-être aussi, et surtout, parce qu'elles ont accordé de la valeur à chaque existence individuelle et la promesse d'une vie éternelle. Cette vision des faits est bien difficile à admettre. Le processus de l'évolution tel que nous le comprenons actuellement fonctionne statistiquement, sur des grands nombres, et n'a pas de solutions individuelles à proposer. Il est régi par le déterminisme, associé au hasard, non par l'intention et le libre arbitre. Il apparaît donc comme une doctrine aride n'ayant aucune chance de convaincre les gens d'organiser leur vie en fonction de lui.

Pourtant, les découvertes scientifiques peuvent nous inspirer de l'espoir. Elles nous rendent en effet de plus en plus conscients du fait que chaque individu est absolument unique. Pas seulement par la disposition particulière d'un bagage génétique qui détermine des caractéristiques physiques et mentales sans précédent, mais aussi parce que chaque organisme particulier est venu à la vie en un lieu et à une époque bien précis. Sans un contexte physique, social et culturel, un individu ne peut devenir une personne : le lieu et la date de sa naissance définissent des coordonnées d'existences qui lui sont propres.

De ce fait, chacun de nous est responsable du point particulier de l'espace-temps où son corps et son esprit forment un lien avec le réseau global de l'existence. Car, si nous sommes déterminés par des instructions génétiques et des interactions sociales, l'invention du concept de liberté nous permet d'opérer des choix qui détermineront la forme future de ce réseau dont nous faisons partie. Le type de cosmétiques que nous utilisons, par exemple, déterminera en partie la qualité de l'air que nous respirons ; le temps que nous passons à discuter avec les professeurs influera sur la scolarité de nos enfants ; le type de spectacles que nous privilégions aura des conséquences sur les industries du divertissement.

Notre compréhension actuelle de la matière et de l'énergie nous incite aussi à revoir notre conception du bien et du mal. Le mal, dans les affaires humaines, correspond au processus d'entropie dans l'univers matériel. Nous appelons « mal » ce qui produit souffrance, douleur, désordre dans la psyché ou la communauté. Le mal implique généralement le choix de la facilité ou une conduite fondée sur un ordre inférieur d'organisation. C'est le cas lorsqu'un individu doué de conscience n'obéit qu'à ses instincts ou quand un être social agit égoïstement dans une situation qui nécessiterait une coopération. Lorsqu'un savant s'emploie à perfectionner des moyens de destruction, il est victime de l'entropie, même s'il se sert des connaissances les plus récentes et les plus sophistiquées. L'entropie, le mal, est un état par défaut, la condition à laquelle reviennent les systèmes à moins qu'on ne fasse ce qu'il faut pour les en empêcher.

Ce sont les bonnes actions, celles qui préservent l'ordre sans favoriser la rigidité, celles qui sont fondées sur les besoins des systèmes les plus évolués. Elles tiennent compte de l'avenir, de l'intérêt commun, du bien-être des autres. Le bien est la façon créative de vaincre l'inertie, l'énergie qui entraîne l'évolution de la conscience humaine. Il est toujours plus difficile d'agir en fonction de principes d'organisation nouveaux, et cela nécessite plus d'efforts, plus d'énergie. S'y contraindre est ce qu'on appelle la vertu.

Mais pourquoi serait-on vertueux quand il est si facile de laisser régner l'entropie ? Pourquoi voudrait-on faciliter l'évolution sans la promesse d'une vie éternelle ? Si ce que nous venons de dire est vrai, la vie éternelle fait bien partie de l'existence ; pas comme elle est représentée dans les bandes dessinées, avec des personnages lumineux, en chemise de nuit, posés sur des nuages, mais dans le fait que nos actes au cours de cette vie se répercuteront dans le temps et modèleront l'avenir en évolution[6]. Que la conscience de notre individualité se prolonge dans une autre dimension après notre mort ou qu'elle disparaisse à jamais, notre être restera éternellement imbriqué dans la chaîne et la trame de ce qui est. Et plus nous investirons d'énergie psychique dans le devenir de la vie, plus nous en ferons partie. Ceux qui s'identifient avec l'évolution y mêlent leur conscience, comme les eaux d'un petit ruisseau se confondent avec celles du fleuve dans lequel il se jette.

L'enfer, dans ce scénario, n'est rien d'autre que l'isolement de l'individu par rapport au flux de la vie. L'enfer, c'est s'accrocher au passé, à son ego, à la sécurité de l'inertie. On trouve cette même idée dans la racine du mot « diable » qui vient du grec *diabolos*, séparer ou mettre en pièces. Ce qui est diabolique, c'est d'affaiblir la complexité émergente en refusant d'y investir son énergie psychique.

Il y a sans doute d'autres manières d'interpréter ce que laisse entendre la science à propos de l'avenir. On peut très bien considérer que seul un hasard aveugle gouverne le monde et se laisser décourager par cette idée. C'est même plus facile. L'entropie joue aussi dans notre façon d'interpréter le témoignage de nos sens. Mais la question posée au début de ce chapitre était : comment choisir un but qui nous permette de vivre aussi pleinement que possible tout en acceptant notre responsabilité envers les autres ? En s'appuyant sur les données fournies par la science on peut trouver une réponse à cette question. Dans le cadre général de l'évolution, mettons toute notre conscience dans l'accomplissement des tâches de la vie quotidienne, en sachant que le fait d'agir dans la plénitude de l'expérience-flux contribue à la construction d'un pont vers l'avenir de notre univers.

Notes

Chapitre 1 – Les structures de la vie quotidienne

1. Auden. Sur la poésie d'Auden et sa place dans la littérature contemporaine, voir Hecht (1993).

2. Phénoménologie systématique. On trouvera les bases théoriques et empiriques des affirmations faites ici dans Csikszentmihalyi (1990, 1993), Csikszentmihalyi et Csikszentmihalyi (1988), Csikszentmihalyi et Rathunde (1993).

3. Babouins. Altmann (1980) donne une description détaillée des activités des primates en liberté. La vie quotidienne des paysans dans le sud de la France au Moyen Âge est décrite par Le Roy Ladurie (1979).

4. Diversité des vies quotidiennes. Les historiens français associés à la revue *Annales* ont fait les premiers travaux de recherche sur la vie des gens simples à différentes époques historiques. Voir notamment Davis et Farge (1993).

5. E. P. Thompson. On trouvera fort bien décrites par Thompson (1963) les transformations qu'a provoquées l'industrialisation dans la vie quotidienne en Grande-Bretagne.

6. Tableau 1. Voici les sources des données présentées dans ce tableau : l'emploi du temps des Américains adultes, dans l'étude faite avec la méthode ESM, Csikszentmihalyi et Graef (1980), Csikszentmihalyi et Le Fèvre (1989), Kubey et Csikszentmihalyi (1990), Larson et Richards (1994). Pour celui des adolescents, voir Bidwell et al. (1997) ; Csikszentmihalyi et Larson (1984), Csikszentmihalyi Rathunde et Whalen (1993).

7. Emplois du temps. Le temps passé par les chasseurs-cueilleurs à des activités productives a été estimé par Marshall Sahlins (1972). Des résultats similaires sont également rapportés par Lee et DeVore (1968). Sur l'emploi du temps au XVIIIᵉ siècle, voir Thompson (1963) et, à l'époque moderne, Szalai (1965).

8. Les femmes transportaient de l'eau…, la citation est de Hufton (1993).

9. Loisirs. Pour une histoire détaillée des loisirs, voir Kelly (1982).

10. Selon les cultures… La conception traditionnelle de l'individu dans le contexte social hindou est décrite par McKim Marriot (1976). Pour la comparaison entre enfants d'origine européenne et enfants d'origine asiatique, voir Asakawa (1996).

11. La sphère publique. C'est Hannah Arendt (1956) qui insiste sur l'importance de la sphère publique pour le développement de l'individualité.

12. La méthode d'échantillonnage de l'expérience vécue (ESM). Ceux qui seraient intéressés par les détails de cette méthode peuvent se reporter à Csikszentmihalyi et Larson (1987), Moneta et Csikszentmihalyi (1996).

Chapitre 2 – Le contenu de l'expérience

1. Neuf émotions fondamentales. Ces émotions, que l'on retrouve dans toutes les cultures, sont la joie, la colère, la tristesse, la peur, l'intérêt, la honte, la culpabilité, l'envie et l'abattement (Campos et Barrett 1984).

2. Les émotions génétiquement programmées. Bien que Charles Darwin ait déjà compris que les émotions étaient utiles à la survie et évoluaient au même titre que les organes physiques du corps, les traits de caractère n'ont été étudiés dans une perspective évolutionniste que tout récemment. Voir par exemple les travaux de David Buss (1994).

3. Le bonheur. Le mot « bonheur » apparaissait dans le titre original de l'une des premières études psychologiques modernes sur ce sujet, mais, peu scientifique, il fut remplacé par celui de bien-être. *The Structures of Psychological Well-Being*, de Norman Bradburn (1969). On lira sur le sujet la monographie de Myers (1992), les travaux de Myers et Diener (1995) et ceux de Diener et Diener (1996), dans lesquels les gens sont généralement heureux ; autre source : Lykken et Tellegen (1996). Les comparaisons internationales entre bonheur et revenus se trouvent chez Inglehart (1990). Mais ces travaux se fondent sur ce que disent les gens, et ne renseignent pas vraiment sur la qualité de leur vie, étant donné la propension des humains à s'estimer heureux.

4. L'entropie ou chaos psychique, et son contraire, la néguentropie psychique ou harmonie intérieure, sont décrits dans Csikszentmihalyi (1988, 1990), Csikszentmihalyi et Csikszentmihalyi (1988), Csikszentmihalyi et Rathunde (1997).

5. L'estime de soi. William James la définit dans un livre publié en 1890. Les comparaisons entre différents groupes ethniques ont été effectuées par Asakawa (1996) et Bidwel et al. (1997). Les différences entre mères qui travaillent et mères au foyer sont empruntées à Ann Wells (1988).

6. Les opérations mentales. Pour le rôle de l'attention dans la pensée, voir Csikszentmihalyi (1993). Pour une étude approfondie de la rêverie éveillée, voir J. L. Singer (1966, 1981).

7. Diversité de l'intelligence. L'ouvrage de référence, dans ce domaine, est l'analyse faite par Howard Gardner des sept principales formes d'intelligence (Gardner 1983).

8. Développement du talent. Les efforts nécessaires pour développer un jeune talent sont décrits dans les études de Benjamin Bloom (1985) et celles que j'ai réalisées avec mes étudiants (Csikszentmihalyi, Rathunde et Whalen, 1993).

9. Flux ou expérience-flux. Mes principales sources à ce sujet sont Csikszentmihalyi (1975, 1990), Csikszentmihalyi et Csikszentmihalyi (1988), Moneta et Csikszentmihalyi (1996). Pour des études plus spécialisées, voir aussi Adlai-Gail (1994), Choe (1995), Heine (1996), Hektner (1996), Inghilleri (1995). On emploie parfois indifféremment les termes d'« expérience optimale » ou de « négentropie psychique » pour parler du flux.

10. Figure 1. Les sources, pour ce schéma, se trouvent dans Csikszentmihalyi (1990) et Massimi & Carli (1988). La présentation en a été plusieurs fois modifiée au cours des années, car les données empiriques nous obligeaient à réviser nos hypothèses initiales. La plus récente révision a par exemple consisté à inverser les

places respectives de « détente » et d'« ennui ». Je croyais au départ que des tâches dénuées de difficulté pour des gens très doués engendreraient l'ennui. Or, plusieurs études, dont Adlai-Gail (1994), Csikszentmihalyi, Csikszentmihalyi (1988) et Hekner (1996) montrent que les gens se sentent plutôt détendus dans ce genre de situation, alors que l'ennui est provoqué par le couple tâche facile/aptitudes insuffisantes.

11. Fréquence de l'expérience-flux ? L'étude importante réalisée en Allemagne est rapportée par Noelle-Neumann (1995). On trouvera des récits de cette expérience au cours de différentes activités chez Perry (1996) pour l'écriture, Trevino et Trevino (1992) pour l'ordinateur, Colemen (1994) pour l'enseignement, McQuillan et Conde (1996) pour la lecture, Loubris, Crous et Schepers (1995) pour le management, Jackson, Stein, Kimiecik, Daniels et Jackson (1995) pour le sport, Reigberg (1995) pour le jardinage, entre autres.

Chapitre 3 – Qualité des différentes expériences vécues

1. Psychopathologie et flux. Le psychiatre Marten De Vries (1992) fut l'un des premiers à étudier en détail ce qu'éprouvent réellement les malades mentaux en termes de sensations, ce qui lui a permis de découvrir plusieurs données contre-intuitives concernant la psychopathologie. Pour les travaux du professeur Massimi et de son équipe à l'université de Milan, voir Inghilleri (1995), Massimi et Inghilleri (1986).

2. Les individus créatifs. La citation de Richard Stern et celles des chapitres suivants sont extraites de mon étude sur la créativité (Csikszentmihalyi 1996), réalisée à partir d'entretiens avec quatre-vingt-onze artistes,

scientifiques, hommes politiques et chefs d'entreprise qui ont contribué à modifier la culture dans laquelle nous vivons. Sur la relation entre flux et créativité, voir aussi le recueil publié sous la direction de George Klein (1990).

3. La solitude. Sur ses effets destructeurs voir, par exemple, Csikszentmihalyi et Larson (1984), Larson et Csikszentmihalyi (1978), Larson, Mannell et Zuzanek (1986).

4. Enquêtes nationales. Les résultats indiquant un lien entre bonheur et amitié sont rapportés par Burt (1986).

5. Expériences vécues en famille. L'étude récente de Reed Larson et Maryse Richards, à laquelle tous les membres de la famille participaient en même temps grâce à la méthode ESM (Larson et Richards 1994), révèle bien des schémas surprenants dans l'expérience vécue : comme l'indique le titre du livre, *Divergent Realities*, parents et enfants sont rarement sur la même longueur d'onde quand ils se retrouvent ensemble, chez eux.

6. La voiture comme instrument de liberté. Le fait que la conduite d'une voiture soit pour beaucoup de gens l'une des activités les plus agréables apparaît dans l'une de nos études par la méthode ESM (Csikszentmihalyi et LeFevre 1989), une étude plus poussée, avec la même méthode, parrainée par Nissan, a permis de faire plusieurs découvertes inattendues dont certaines apparaissent dans ce livre.

7. Les différents environnements et leurs effets psychologiques. Sur ce thème, généralement peu étudié, des effets de l'environnement sur les émotions et la pensée, voir Gallagher (1993), et aussi Csikszentmihalyi et Rochberg-Halton (1981).

8. Jour de la semaine et symptômes physiques. Deux études inédites, l'une réalisée par Maria Wong à l'université du Michigan et l'autre par Cynthia Hedricks à l'université du sud de la Californie, montrent qu'un nombre nettement supérieur de symptômes sont rapportés le dimanche ainsi que dans des situations n'exigeant pas de concentration, ce qui permet de penser que le fait d'être occupé empêche, jusqu'à un certain point, de ressentir la souffrance.

Chapitre 4 – Les paradoxes du travail

1. Les Américains veulent travailler. Ces résultats d'enquêtes sont empruntés à Yankelovich (1981), et on retrouve des données similaires dans d'autres pays. Sur l'ambivalence par rapport au travail, voir Csikszentmihalyi et LeFevre (1989) ; le dialogue entre scientifiques allemands se trouve chez Noelle-Neumann et Strumpel. Noelle-Neumann voit le lien entre envie de travailler et style de vie positif, comme la confirmation de l'idée que « le travail rend heureux », alors que Stumpel interprète la préférence générale pour les loisirs comme la preuve que « le travail rend malheureux ».

2. L'histoire du travail. Sur les changements intervenus au cours des siècles dans le domaine du travail, voir notamment Braudel (1985), Lee et DeVore (1968), Norberg (1993), Veyne (1987).

3. Tableau 3. Les données concernant la façon dont les jeunes Américains apprennent les attitudes et les savoirs nécessaires à leur futur métier ont été obtenues au cours d'une étude longitudinale de cinq ans, auprès d'environ quatre mille lycéens et étudiants de l'ensemble des États-Unis, étude sponsorisée par la Sloan

Foundation (Bidwell et al. 1992). La façon négative de vivre les activités qui ne ressemblent ni au travail ni au jeu a été étudiée en détail par Jennifer Schmidt (1997).

4. Les femmes et le travail. L'expérience vécue au travail selon le sexe est rapportée par Larson et Richards (1994). C'est Ann Wells (1988) qui note un degré d'estime de soi différent selon que les mères travaillent à temps plein ou à temps partiel.

5. Chômage. Les études ESM de jeunes au chômage réalisées en Grande-Bretagne sont dues à John Hayworth (Haworth et Ducker 1991). Les enquêtes internationales sur le chômage sont citées par Inglehart (1990).

Chapitre 5 – Bienfaits et risques des loisirs

1. Les loisirs sont dangereux. La mise en garde des psychiatres est citée dans *Psychiatry* (1958) ; on trouvera des arguments similaires chez Gussen (1967), Kubey et Csikszentmihalyi (1990).

2. Névrose dominicale. Voir Ferenczi (1950), et aussi Boyer (1955), Cattell (1955).

3. Lire des livres. Les différences entre les gens qui lisent souvent des livres et ceux qui regardent souvent la télévision sont rapportées par Noelle-Neumann (1996).

4. Loisirs et déclin des cultures. Sur les données historiques concernant ce sujet, voir Kelly (1982), et, sur les données transculturelles actuelles, voir Inghilleri (1993).

5. Vie centrée sur les loisirs. L'étude de Macbeth est rapportée par Macbeth (1988), la citation du marin est dans Pirsig (1977), celle de l'alpiniste est tirée de Csikszentmihalyi (1975).

6. Dépenses d'énergie et loisirs. L'idée que les dépenses d'énergie non renouvelables occasionnées par les loisirs est en contradiction avec le bonheur, pour les femmes au moins, est empruntée à Graef et al. (1981).

Chapitre 6 – Relations et qualité de vie

1. Effets thérapeutiques de la compagnie. La référence est empruntée à Lewinsohn (1982).

2. L'importance du contexte social pour les non-Occidentaux. L'accent mis sur l'appartenance à un réseau social est évoqué, pour l'Inde par Hart (1992), Kakar (1978), Marriott (1976) ; pour le Japon, par Asakaxa (1996), Lebra (1976), Markus et Kitayama (1991).

3. Les amis. Sur l'importance de l'amitié dans une vie réussie, voir Myers (1992).

4. La sexualité. L'influence des dynamiques de sélection sur nos émotions, attitudes et comportements sexuels au cours de l'évolution est bien décrite par Buss (1994). Pour une histoire culturelle de la sexualité humaine, voir I. Singer (1966). L'exploitation de la sexualité est étudiée par Marcuse (1955).

5. La famille. La composition des familles au Moyen Âge est décrite par Le Roy Ladurie (1979). D'autres formes de schémas familiaux sont étudiées par Edwards (1969), Herlihy (1985), Mitterauer et Sieder (1982).

6. Les humeurs vécues en famille. Ces données sont empruntées aux recherches déjà mentionnées plusieurs fois de Larson et Richards (1994).

7. Les familles complexes. La notion de complexité a été appliquée au système familial par Kevin Rathunde

(sous presse). Voir également Carroll, Schneider et Csikszentmihalyi (1996), Csikszentmihalyi et Rathunde (1997), Huang (1996) pour d'autres constatations fondées sur ce concept.

8. Sorcellerie et solitude. La paranoïa généralisée des Dobuans est décrite par Reo Fortune ([1932] 1963). La conversation comme moyen de préserver la notion de réalité est un concept développé par les sociologues Peter Berger et Thomas Luckman (1967).

9. Préférence pour des paysages solitaires. L'enquête en question est citée par Noelle Neumann et Kocher (1993).

10. Potentiel et solitude. Les données suggérant que les étudiants incapables de rester seuls ont du mal à développer leur potentiel sont présentées dans l'étude de Csikszentmihalyi, Rathunde et Whalen (1993).

11. Peur de l'étranger. L'historien français Philippe Ariès a décrit les dangers encourus par les *escoliers* du Moyen Âge (Ariès 1962). Les menaces pesant sur les femmes circulant dans les rues au XVIIe siècle sont évoquées par Norberg (1993).

12. *Vita activa*. Hannah Arendt (1956) a étudié les différences entre les visions du monde déterminées par une vie active et par une vie contemplative. La distinction entre « personnalité intériorisée » et « personnalité extériorisée » apparaît chez Riesman, Glazer et Denney (1950). La typologie des extravertis et des introvertis a été développée par Jung (1954) ; sur les systèmes de mesure actuels de ces tendances, voir Costa et McCrae (1984).

13. Les extravertis sont plus heureux. Des travaux tendant à démontrer que les extravertis retirent de la vie plus de satisfactions sont cités par Myers (1992).

Chapitre 7 – Changer ses habitudes

1. Quinze pour cent de la population. À propos de ce chiffre, voir la dernière note du chapitre 2.

2. Gramsci. Une biographie très bien faite de ce théoricien politique italien est due à Fiore (1973).

3. Fréquence de l'expérience-flux. L'étude citée ici a été faite par Joel Hektner (1996).

4. Les reproches faits au travail. Les idées développées dans ce passage sont en grande partie inspirées par les sessions de conseil aux chefs d'entreprise que j'ai dirigées pendant de nombreuses années dans le cadre du programme d'été de l'université de Chicago, à Vail, au Colorado.

5. Vie consacrée aux autres. Les biographies d'individus doués d'une sensibilité morale exceptionnelle ont été rassemblées et analysées par Colby et Damon (1992).

6. Rendre son travail plus signifiant. L'une des études les plus récentes et les plus intéressantes sur la façon de penser des travailleurs fiers de leur travail est la série d'entretiens réalisée par Studs Terkel (1974).

7. Stress et tension. Le physiologiste Hans Selye fut le premier à identifier la valeur positive d'un stress correctement géré pour l'organisme. Il a fort bien étudié comment réagir positivement à la tension (Selye 1956).

8. Le flux dans les relations interpersonnelles. La citation décrivant le plaisir d'une mère quand elle joue avec son enfant est empruntée à Allison et Duncan (1988).

Chapitre 8 – La personnalité autotélique

1. Être complètement absorbée... La citation est empruntée à Allison et Duncan (1988).

2. Néoténie sociale. En embryologie, le terme « néoténie » désigne le retard de développement du nourrisson humain comparé aux jeunes d'autres espèces de mammifères ou de primates. On suppose qu'elle permet au bébé d'acquérir, pendant que son système nerveux se développe en interaction avec l'environnement, plus de connaissances qu'il n'en a acquis dans l'isolement du sein maternel (Lerner 1984). La néoténie sociale est une extension de ce concept à la tendance de certains jeunes gens qui, en restant plus longtemps dans leur famille, bénéficient d'une plus longue période de maturation (Csikszentmihalyi et Rathunde, sous presse).

3. L'attention. Le contrôle de l'attention, ou « énergie psychique », est essentiel si l'on veut prendre sa vie en main. On trouvera des réflexions à ce sujet dans Csikszentmihalyi (1978 -1993).

4. Aveugles et paraplégiques. Fausto Massimi et son équipe, à l'université de Milan, ont interrogé un grand nombre de personnes qui, à la suite d'un drame, sont devenues aveugles, paraplégiques, ou autres (Negro, Massimi et Delle Fave 1992). Contrairement à ce qu'on pourrait penser, ces personnes profitent souvent mieux de la vie après leur accident qu'avant. Voir aussi Diener et Diener (1996). À l'inverse, des recherches menées auprès de gagnants à une loterie (Brickman, Coates et Janoff-Bulman 1978) montrent que le fait de devenir très riche ne rend pas plus heureux. Ces résultats confirment la vieille idée selon laquelle ce ne sont pas les événements qui déterminent la qualité de la vie, mais ce qu'on en fait.

Chapitre 9 – L'amour du destin

1. Communauté et individualités. Parmi les écrits récents les plus importants sur l'absence d'implication

dans des valeurs sublimant l'individu, je citerai Bellah et al. (1985 1991), Lash (1990). Sur la nécessité de créer des nouvelles valeurs puisque les anciennes perdent toute crédibilité, voir Massimi et Delle Fave (1991).

2. « Moi » et évolution. On trouvera dans Csikszentmihalyi (1993) une brève description de l'évolution philogénétique et ontogénétique du « moi ».

3. Le concept nietzschéen de l'*amor fati* se trouve dans Nietzsche ([1882] 1974). Pour les idées de Maslow sur le même sujet, voir Maslow (1971) et pour celles de Rogers, voir Rogers (1969).

4. La citation de R. J. Oppenheimer et la question du flux dans les activités destructrices se trouvent dans Csikszentmihalyi (1985) et Csikszentmihalyi et Larson (1978).

5. Évolution. Parmi les premiers à avoir étendu le concept d'évolution au domaine de la culture humaine, il y a Bergson (1944), Campbell (1976), J. Huxley (1947), T. H. Huxley (1894), Johnston (1984), Teilhard de Chardin (1965).

6. Le bien et le mal du point de vue de la théorie de l'évolution sont étudiés par Alexander (1987), Burhoe (1986), Campbell (1975) et Williams (1988).

Références bibliographiques

Adlai-Gail W. S., *Exploring the autotelic persona-lity*, Ph. D. diss., University of Chicago, 1994.

Alexander R. D., *The biology of moral systems*, New York, Aldine De Gruyter, 1987.

Allison M. T. et Duncan M. C., « Women, work and flow », in *Optimal Experience : Psychological studies of flow in consciouness*, sous la direction de M. Csikszent-mihalyi et I. S. Csikszentmihalyi, New York, Cambridge University Press, p. 118-137, 1988.

Altman J., *Baboon mothers and infants*, Cambridge, Mass., Harvard University Press, 1980.

Arendt H., *La Condition de l'homme moderne*, 1956 ; Paris, Agora, 1983.

Ariès P., *L'Enfant et la vie familiale sous l'Ancien Régime*, 1962 ; Paris, Le Seuil, 1973.

Asakawa K., *The experience of interdependence and independence in the self-construal of Asian American and Caucasian American adolescents*, Ph. D. diss., University of Chicago, 1996.

Auden W. H., *Poésies choisies*, Paris, Gallimard, 1994.

BELLAH R. N., MADSEN R., SULLIVAN W. M., SWIDLER A. et TIPTON S. M., *Patterns of the heart*, Berkeley, Calif., University of California Press, 1985.

— *The good society*, New York, Alfred A. Knopf, 1991.

BERGER P. L. et LUCKMANN T., *The social construction of reality*, Garden City, New York, Anchor Books, 1967.

BERGSON H., *L'Évolution créatrice*, 1944 ; Paris, PUF, 1983.

BIDWELL C., CSIKSZENTMIHALYI M., HEDGES L. et SCHNEIDER B., *Attitudes and experiences of work for American adolescents*, New York, Cambridge University Press, 1987.

— *Studying Career Choice*, Chicago, NORC, 1992.

BLOOM B. S. (éd.), *Developing talent in young people*, New York, Ballantine, 1985.

BOYER L. B., « Christmas Neurosis », *Journal of the American Psychoanalytic Association* 3, 467-488, 1955.

BRADBURN N., *The structure of psychological well-being*, Chicago, Aldine, 1969.

BRAUDEL F., *Les Structures du quotidien*, Paris, Livre de Poche, n° 411, 1985.

BRICKMAN P., COATS D. et JANOFF-BULMAN D., « Lottery winners and accident victims : Is happiness relative ? », *Journal of Personality and Social Psychology* 36, n° 8, 917-927, 1978.

BURHOE R. W., « War, peace and religion's biocultural evolution », *Zygon* 21, 439-472, 1986.

BURT R. S., *Strangers, friends and happiness*, GSS Technical Report n° 72, University of Chicago, NORC, 1986.

BUSS D. M., *The evolution of desire*, New York, Basic Books, 1994.

CAMPBELL D. T., « Evolutionary epistemology », in *The Library of Living Philosophers : Karl Popper*, sous la direction de D. A. Schlipp, La Salle, Ill., Open Court, p. 413-463, 1976.

CAMPOS J. J. et BARRETT K. C., « Toward a new understanding of emotions and their development », in *Emotions, cognition and behavior*, sous la direction de C. E. Izard, J. Kagan et R. B. Zajonc, Cambridge, UK, Cambridge University Press, p. 229-263, 1984.

CARROLL M. E., SCHNEIDER B. et CSIKSZENTMIHALYI M., *The effects of family dynamics on adolescents' expectations*, inédit, University of Chicago, 1996.

CATTELL J. P., « The holiday syndrome », *Psychoanalitic Review*, 42, 39-43, 1955.

CHOE I., *Motivation, subjective experience, and academic achievement in Korean high school students*, Ph. D. diss., University of Chicago, 1995.

COLBY A. et DAMON W., *Some do care*, New York, The Free Press, 1992.

COLEMAN L. J., « Being a teacher : Emotion and optimal experience while teaching gifted children », in *Emotion in adult developement*, sous la direction de C. Z. Malatesta et C. E. Izard, New Bury Park, Calif., Sage, 1994.

CSIKSZENTMIHALYI M., *Beyond boredom and anxiety*, San Francisco, Jossey-Bass, 1975.

— « Attention and the wholistic approach to behavior », in *The Stream of Consciousness*, sous la direction de K. S. Pope et J. L. Singer, New York, Plenum, p. 335-358, 1978.

— « Reflections on enjoyment », *Perspectives in Biology and Medicine* 28, n° 4, 469-497, 1985.

— « Motivation and creativity : Toward a synthesis of structural and energistic approaches to cognition », *New Ideas in Psychology* 6, n° 2, 159-176, 1988.

— *Vivre : La psychologie du bonheur*, 1990 ; Paris, Robert Laffont, « Réponses », 2004.

— *The evolving self : A psychology for the third millenium*, New York, Harper and Collins, 1993.

— *Creativity : Flow and the discovery of flow in consciousness*, New York, Cambridge University Press, 1996.

CSIKSZENTMIHALYI M. et CSIKSZENTMIHALYI I. S. (ed.), *Optimal experience : Psychological studies of flow in consciousness*, New York, Cambridge University Press, 1988.

CSIKSZENTMIHALYI M. et GRAEF R., « The experience of freedom in daily life », *American Journal of Community Psychology* 8, 401-414, 1980.

CSIKSZENTMIHALYI M. et LARSON R., « Intrinsic reward in school crime », *Crime and delinquence* 24, n° 3, 322-335, 1978.

— *Being adolescent*, New York, Basic Books, 1984.

— « Validity and reliability of the experience sampling method », *Journal of Nervous and Mental Disease* 175, n° 9, 526-536, 1987.

CSIKSZENTMIHALYI M. et LEFEVRE J., « Optimal experience in work and leisure », *Journal of Personality and Social Psychology* 56, n° 5, 815-822, 1989.

CSIKSZENTMIHALYI M. et RATHUNDE K., « The mesurement of flow in everyday life », in *Nebraska Symposium on Motivation* 40, 58-94, Lincoln, Neb., University of Nebraska Press, 1993.

— « The development of the person : An experimental perspective on the ontogenesis of psychological complexity », in *Theorical Models of Human*

Development, sous la direction de R. M. Lerner, vol. 1, *Handbook of Child Development*, New York, Wiley, 1987.

CSIKSZENTMIHALYI M. et ROCHBERG-HALTON E., *The meaning of things : Domestic symbols and the self*, New York, Cambridge University Press, 1981.

CSIKSZENTMIHALYI M., RATHUNDE K. et WHALEN S., *Talented teenagers : The route of success and failure*, New York, Cambridge University Press, 1993.

DAVIS N. Z. et FARGE A. (ed.), *A history of women in the West*, Cambridge, Mass., Harvard University Press, 1993.

DELLE FAVE A. et MASSIMI F., « The changing context of flow in work and leisure », in *Optimal Experience : Psychological studies of flow in consciouness*, sous la direction de M. Csikszentmihalyi et I. S. Csikszentmihalyi, New York, Cambridge University Press, p. 193-214, 1988.

DE VRIES M. (ed.), *The experience of psychopathology*, Cambridge, UK, Cambridge University Press, 1992.

DIENER E. et DIENER C., « Most people are happy », *Psychological Science* 7, n° 3, 181-184, 1996.

EDWARDS J. N. (ed.), *The family and change*, New York, Alfred A. Knopf, 1969.

FERENCZI S., « Sunday neurosis », in *Further contribution to the theory and technics of psychoanalysis*, sous la direction de Ferenczi, 174-177, Londres, Hogarth Press, 1950.

FIORE G., *Antonio Gramsci : Life of a revolutionary*, New York, Schocken Books, 1973.

FORTUNE R. F., *Sorcerers of Dobu*, New York, Dutton [1932] 1963.

GALLAGHER W., *The power of place : How our surroundings shape our thoughts, emotions and actions*, New York, Poseidon Press, 1993.

GARDNER H., *Frames of mind : The theory of multiple intelligences*, New York, Basic Books, 1983.

GRAEF R., MACMANAMA-GIANINNO S. et CSIKSZENTMIHALYI M., « Energy consumption in leisure and perceived happiness », in *Consumers and energy conservation*, sous la direction de J. D. Claxton *et al.*, New York, Praeger, 1981.

GUSSEN J., « The psychodynamics of leisure », in *Leisure and mental health : A psychiatric viewpoint*, sous la direction de P. A. Martin, Washington D. C., American Psychiatric Association, 1967.

HART L. M., « Ritual art and the production of Hindu selves », *American Anthropological Association Meetings*, San Francisco, Calif., 1992.

HAWORTH J. T. et DUCKER J., « Psychological well-being and access to categories of experience in enemployed young adults », *Leisure Studies* 10, 265-274, 1991.

HECHT A., *The hidden law : The poetry of W. H. Auden*, Cambridge, Mass., Harvard University Press, 1993.

HEDRICKS C., « The ecology of pain in Latina and Caucasian women with metastatic breast cancer : A pilot study », in *11th Biannual meeting of the Society for Menstrual Cycle Research,* sous la direction de J. Chrisler, 1997.

HEINE C., *Flow and achievement in mathematics*, Ph. D. diss., University of Chicago, 1996.

HEKTNER J. M., *Exploring optimal personality development : A longitudinal study of adolescents*, Ph. D. diss., University of Chicago, 1996.

HERLIHY D., *Medieval households*, Cambridge, Mass., Harvard University Press, 1995.

HUANG M. P. L., *Family context and social development in adolescence*, Ph. D. diss., University of Chicago, 1996.

HUFTON O., « Women, work and family », in *A history of women in the West*, sous la direction de N. Z. Davis, et A. Farge, Cambridge, Mass., Harvard University Press, 1993.

HUXLEY J., *Evolution and ethics*, Londres, Pilot Press, 1947.

HUXLEY T. H., *Evolution and ethics and other essays*, New York, Appleton, 1894.

INGHILLERI P., « Selezione psicologica bi-culturale : Verso l'aumento della complessità indiciduale e sociale. Il caso dei Navajo », in *La selezione psicologica umana*, sous la direction de F. Massimi et P. Inghilleri, Milan, Cooperative Libraria Iulm, 1993.

— *Esperienza soggestiva, personalità, evoluzione culturale*, Turin, UTET, 1995.

INGLEHART R., *Culture shifts in advanced industrial society*, Princeton, Princeton University Press, 1990.

JACKSON S. A., « Toward a conceptual understanding of the flow experience in elite athletes », *Research quarterly for exercise and sport*, 1997.

JAMES W., *Précis de psychologie*, 1890 ; Bibliothèque de l'homme, 2000.

JOHNSTON C. M., *The creative imperative : Human growth and planetary evolution*, Berkeley, Calif., Celestial Arts, 1984.

JUNG C. G., *The development of personality*, New York, Pantheon, 1954.

KAKAR S., *The inner world : A psychoanalytic study of childhood and society in India*, New Delhi, Oxford University Press, 1978.

KELLY J. R., *Leisure*, Englewood Cliffs, N. J., Prentice-Hall, 1982.

KLEIN G. (ed.), *Om kreativitet och flow*, Stockholm, Brombergs, 1990.

KUBEY R. et CSIKSZENTMIHALYI M., *Television and the quality of life*, Hillsdale, N. J., Lawrence Erlbaum, 1990.

LARSON R. et CSIKSZENTMIHALYI M., « Experimental correlates of solitude in adolescence », *Journal of personality* 46, n° 4, 677-693, 1978.

LARSON R. et RICHARDS M. H., *Divergent realities : The emotional lives of mothers, fathers and adolescents*, New York, Basic Books, 1994.

LARSON R., MANNELL R. et ZUZANEK J., « Daily well-being of older adults with family and friends », *Psychology and Ageing* 12, 117-126, 1986.

LASH C., *The true and only heaven : Progress and its critics*, New York, Norton, 1990.

LE ROY LADURIE E., *Montaillou, village occitan de 1294 à 1324*, Paris, Gallimard, 1989.

LEBRA T. S., *Japanese patterns of behavior*, Honolulu, University of Hawaï Press, 1976.

LEE R. B. et DEVORE I. (ed.), *Man the hunter*, Chicago, Aldine, 1968.

LERNER R. M., *On the nature of human plasticity*, New York, Cambridge University Press, 1984.

LEWINSOHN P. M., « Behavioral therapy : Clinical applications », in *Short-term therapy for depression*, sous la direction de A. J. Rush, New York, Guilford, 1982.

LOUBRIS S., CROUS F. et SCHEPERS J. M., « Management by objectives in relation to optimal experience in the workplace », *Journal of Industrial Psychology* 21, n° 2, 12-17, 1995.

LYKKEN D. et TELLEGEN A., « Happiness is a stochastic phenomenon », *Psychological Science* 7, n° 3, 186-189, 1996.

MACBETH J., « Ocean cruising », in *Optimal Experience : Psychological studies of flow in consciouness*, sous la direction de M. Csikszentmihalyi et I. S. Csikszentmihalyi, New York, Cambridge University Press, p. 214-231, 1988.

MARCUSE H., *Éros et civilisation*, 1955 ; Paris, Les Éditions de Minuit, 1991.

MARKUS H. R. et KITAYAMA S., « Culture and self ; Implications for cognition, emotion and motivation », *Psychological Review* 98, n° 2, 224-253, 1991.

MARRIOTT M., « Hindu transactions : Diversity without dualism », in *Transaction and meaning : Directions in the anthropology of exchange and symbolic behavior*, Philadelphie, ISHI Publications, 1976.

MASLOW A., *The farther reaches of human nature*, New York, Viking, 1971.

MASSIMI F. et CARLI M., « The systematic assessment of flow in daily experience », in *Optimal Experience : Psychological studies of flow in consciouness*, sous la direction de M. Csikszentmihalyi et I. S. Csikszentmihalyi, New York, Cambridge University Press, p. 266-287, 1988.

MASSIMI F. et DELLA FAVE A., « Religion and cultural evolution », *Zygon* 16, n° 1, 27-48, 1991.

MASSIMI F. et INGHILLERI P. (ed.), *L'esperienza quotidiana : Teoria e metodi d'analisi*, Milan, Franco Angeli, 1986.

McQuillan J. et Conde G., « The condition of flow in reading : Two studies of optimal experience », *Reading Psychology* 17, 109-135, 1996.

Mitterauer M. et Sieder R., *The European family*, Chicago, University of Chicago Press, 1982.

Moneta G. B. et Csikszentmihalyi M., « The effect of perceived challenges and skills on the quality of subjective experience », *Journal of Personality* 64, n° 2, 275-310, 1996.

Myers D. G., *The Pursuit of Happiness*, New York, Morrow, 1992.

Myers D. G. et Diener E., « Who is happy ? », *Psychological Science* 6, 10-19, 1995.

Negri P., Massimi F. et Della Fave A., « Tema di vita e strategie adattive nei non vedenti », in *Vedere con la mente*, Milan, Franco Angeli, 1992.

Nietszche F., *Le Gai Savoir* [1882] ; Paris, Flammarion, 1997.

Noelle-Neumann E., *AWA Spring Survey*, Allensbach Institute für Demoskopie, 1995.

— « Stationen der Glücksforschung », in *Leseglück : Eine vergessene Erfahrung ?*, Poladen, Westdeutscher Verlag, p. 15-56, 1996.

Noelle-Neumann E. et Kocher R. (ed.), *Allensbacher Jahrbuch der Demoskopie 1984-1992*, Munich, K. G. Saur, 1993.

Noelle-Neumann E. et Strumpel B., *Macht Arbeit Krank ? Macht Arbeit Glücklich ?*, Munich, Pieper Verlag, 1984.

Norberg K., « Prostitutes », in *A history of women in the West*, sous la direction de N. Z. Davis, et A. Farge, Cambridge, Mass., Harvard University Press, 1993.

PERRY S. K., *When time stops : How creative writers experience entry into the flow state*, Ph. D. diss., The Fielding Institute, 1996.

PIRSIG R., « Cruising blues and their cure », *Esquire* 87, n° 5, 65-68, 1977.

Psychiatry (Group for the Advancement of), *The psychiatrists' interest in leisure-time activities*, n° 39, 1958.

RATHUNDE K., « Family context and talented adolescents' optimal experience in productive activities », *Journal of Research in Adolescence*, 1998.

REIGBERG D., *Glück in Garten – Erfolg im Markt*, Offenburg, Senator Verlag, 1995.

RIESMAN D., GLAZER N. et DENNEY R., *The lonely crowd*, New York, Doubleday, 1950.

ROGERS C., *Freedom to learn*, Colombus, Ohio, Charles Merrill, 1969.

SAHLINS M. D., *Stone Age economics*, Chicago, Aldine Press, 1972.

SCHMIDT J., « Workers and players : Exploring involvement levels of adolescents in work and play », meetings of the *American Educational Research Association*, Boston, Mass., 1997.

SELYE H., *Le Stress de la vie*, 1956 ; Paris, Gallimard, 1975.

SINGER I., *The nature of love*, 3 vol., Chicago, University of Chicago Press, 1966.

SINGER J. L., *Daydreaming : An introduction to the experimental study of inner experience*, New York, Random House, 1966.

— *Daydreaming and fantasy*, Oxford, UK, Oxford University Press.

SREIN G. L., KIMIECIK J. C., DANIELS J. et JACKSON S. A., « Psychological antecedents of flow in recreational sports », *Personality and social psychology bulletin* 21, n° 2, 125-135, 1995.

SZALAI A. (ed.), *The use of time : Daily activities of urban and suburban populations in twelve countries*, Paris, Mouton, 1965.

TEILHARD DE CHARDIN P., *Le Phénomène humain*, 1965 ; Paris, Le Seuil, 1986.

TERKEL S., *Working*, New York, Pantheon, 1974.

THOMPSON E. P., *The making of the English working class*, New York, Viking, 1963.

TREVINO L. K. et TREVINO J. W., « Flow in computer-mediated communication », *Communication Research* 19, n° 5, 539-573, 1992.

VEYNE P., « The Roman Empire », in *From Pagan Rome to Byzantium*, Cambridge, Mass., The Belknap Press, 1987.

WEBSTER J. et MARTOCCHIO J. J., « Turning work into play : Implications for microcomputer software training », *Journal of Management* 19, n° 1, 127-146, 1993.

WELLES A., « Self-esteem and optimal experience », in *Optimal Experience : Psychological studies of flow in consciouness*, sous la direction de M. Csikszentmihalyi et I. S. Csikszentmihalyi, New York, Cambridge University Press, p. 327-341, 1988.

WILLIAMS C. G., « Huxley's "Evolution and ethics" in sociobiological perspective », *Zygon* 23, n° 4, 383-407, 1988.

YANKELOVICH D., « New rules in American life : Searching fot self-fulfillment in a world turned upside-down », *Psychology Today* 15, n° 4, 35-91, 1981.

Remerciements

Les résultats présentés dans cet ouvrage se fondent sur des recherches subventionnées par la Spencer Foundation et la Alfred P. Sloane Foundation. Un grand nombre de collègues et d'étudiants m'ont apporté une aide inestimable lors de mes travaux sur l'expérience-flux. J'aimerais remercier tout particulièrement Kevin Rathunde, université de l'Utah ; Samuel Wahlen, université du Nord-Ouest ; Kiyoshi Asakawa, université Shikoku-Gakuen, Japon ; Fausto Massimi et Antonella Delle Fave, université de Milan, Italie ; Paolo Inghilleri, université de Pérouse, Italie ; et, à l'université de Chicago où j'enseigne, Wendi Adlai-Gail, Joel Hektner, Jeanne Nakamura, John Patton et Jennifer Schmidt.

Parmi les collègues dont l'amitié m'a été d'un précieux soutien, je tiens à remercier plus particulièrement Charles Bidwell, William Damon, Howard Gardner, Geoffrey Godbey, Elisabeth Noelle-Neumann, Mark Runco et Barbara Schneider.

Sommaire

Médecine des émotions

David Servan-Schreiber

Guérir

le stress, l'anxiété
et la dépression
sans médicaments
ni psychanalyse

POCKET

(Pocket n° 12280)

En moins de vingt ans,
les neurosciences et la psychologie ont connu
un bouleversement radical.
La découverte du
« cerveau émotionnel »
comme maître de nos
corps, de nos passions
et comme source de
notre identité a favorisé
l'émergence d'une
nouvelle médecine, celle
des émotions, sans
médicaments ni
psychothérapie.
David Servan-Schreiber
nous présente ici
sept méthodes
particulièrement efficaces,
permettant à chacun de
reprendre en main
les règles de sa
propre vie.

Il y a toujours un Pocket à découvrir

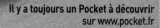

Ccomposé par Nord Compo
à Villeneuve-d'Ascq

Impression réalisée sur Presse Offset par

BRODARD & TAUPIN

GROUPE CPI

34055 – La Flèche (Sarthe), le 01-03-2006
Dépôt légal : mars 2006

POCKET – 12, avenue d'Italie - 75627 Paris cedex 13
Tél. : 01.44.16.05.00

Imprimé en France